Erika Matschke
Karl Heinz Matschke

Panzer- und Schwielenwelse

W0078932

Urania Ratgeber
Aquarium

Bildnachweis:
Jürgen Geißler: Titelbild und Umschlag Rückseite, S. 8, 85, 97, 100, 101
Karl Heinz Matschke: S. 28, 33, 44, 45, 50, 51, 65, 69, 88, 93, 96
Prof. Dr. Friedrich Schaller: S. 12, 13, 16

Matschke, Erika:
Panzer- und Schwielenwelse / Erika Matschke;
Karl Heinz Matschke. – 1. Aufl. –
Leipzig ; Jena ; Berlin : Urania-Verl., 1991
(Ratgeber Aquarium)
NE: Matschke, Karl Heinz:
ISBN 3-332-00470-0

1. Auflage 1991
Alle Rechte vorbehalten
© Urania-Verlagsgesellschaft mbH, Leipzig
Urania-Verlag Leipzig · Jena · Berlin
Lektor: Christoph Needon
Zeichnungen: Annemirl Riehl
Umschlag: Heinz Kraxenberger
Typografie: Dietmar Senf
Printed in Germany

Inhalt

Vorwort

Durch die Arbeit in der ZAG Barben-Salmler-Welse kommen wir mit vielen Freunden zusammen, die sich der Aquaristik verschrieben haben. Dabei konnten wir beobachten, daß sich im allgemeinen drei verschiedene Interessengruppen herausgebildet haben: Die einen wünschen sich aus Freude an Fischen und Pflanzen in ihrer Wohnung ein Aquarium als freundliche Zimmerzierde. Andere möchten nicht nur schöne Aquarien besitzen, sondern bestimmte Arten pflegen und züchten und ihr Wissen darüber erweitern. Die dritte Gruppe beginnt sich zu spezialisieren. Sie gibt sich nicht mehr mit einigen Zufallszuchten zufrieden, sie will gezielt züchten.

Dabei wird die Anzahl von Aquarianern, die sich mit Welsen befaßt, immer größer.

Unser Anliegen ist es, den Freunden, die schon Erfahrungen in der Hälterung und Betreuung von Fischen haben, auf Grund unserer jahrzehntelang gesammelten Erkenntnisse in der Pflege und Zucht der Arten aus der Familie der Callichthyidae (Panzer- und Schwielenwelse) Erfahrungswerte zu übermitteln, damit sie nicht nur auf Zufallserfolge bei diesen Arten angewiesen sind. Des weiteren sollen Vorurteile gegenüber den Vertretern dieser Familie abgebaut und zur Gewinnung neuer Liebhaber dieser meist biologisch noch wenig erforschten Arten beigetragen werden.

Unser besonderer Dank gilt Herrn Stallknecht, der durch seine Hinweise und Ratschläge zum Entstehen dieser Arbeit beigetragen hat.

Erika und Karl Heinz Matschke

Warum wir Panzer- und Schwielenwelse pflegen*

Die Mehrzahl der uns bekannten erfolgreichen Zierfischzüchter befaßt sich, um zu guten Zuchtergebnissen zu gelangen, über einen
längeren Zeitraum speziell mit den Arten weniger oder nur einer
Familie. Sie sammeln Literatur über die Beschreibung der Arten,
des Biotops sowie Angaben über das Futterangebot u. a. m.

Den Spezialisten für Cichliden der großen ostafrikanischen Seen
sind z. B. die Erforschung des Gebietes und die Auswertung der gesammelten Materialien dadurch wesentlich erleichtert, daß es sich
nur um einen relativ kleinen geographischen Raum handelt. Das
durch Literaturstudium und die Aquarienpraxis erlangte Wissen
versetzt sie dann in die Lage, auch »heikle« Zierfischarten mit Erfolg zu pflegen und nachzuziehen.

Bedenkt man weiterhin, daß die Ordnung Siluriformes aus der
Klasse Osteichthyes etwa 30 Familien mit ungefähr 2 000 Welsarten aufweist, die nahezu fast den gesamten Erdball bevölkern, so
zwingt dies regelrecht zur Spezialisierung. Es sind zwar nicht alle
2 000 Welsarten für das Aquarium verwendbar, aber allein die sehr
gut geeignete Familie Callichthyidae mit ihrer artenreichsten Gattung *Corydoras* stellt einen an dieser Gattung interessierten Aquarianer vor Probleme. Die bisher bekannten rund 100 Arten kommen in fast ganz Südamerika vor. Außer den Hälterungsfragen
erschwert die Ähnlichkeit der Zeichnung bei einer Reihe von ihnen
die Zusammenstellung artgerechter Gruppen und damit das Nach-
zuchtproblem. Um hier zu dauerhaften, erfolgreichen Zuchterge-
nissen zu gelangen, ist neben der Beschaffung des entsprechenden
Tiermaterials ein tieferes Eindringen in die Literatur über das mitunter nur vermutete Vorkommensgebiet notwendig. Da dieses Stu-
dium oft weit über die zugängliche, allgemein gebräuchliche Aquarienliteratur hinausgeht, kann man sich kaum noch mit anderen
Fischfamilien beschäftigen. Von diesen Überlegungen ausgehend,
wandten wir uns der Familie Callichthyidae zu, von der die Vertreter der Gattung *Corydoras* unsere Lieblinge wurden.

* Nachfolgend wird, wenn keine die Panzer- und Schwielenwelse trennen-
den Eigenschaften behandelt werden, nur der Begriff »Welse« verwandt.

Die Heimatgebiete der Arten

Die Ordnung Siluriformes (Welsartige) aus der Klasse Osteichthyes (Knochenfische) umfaßt, wie schon erwähnt, etwa 30 Familien mit rund 2 000 Arten, wobei die hier behandelte Familie Callichthyidae (Schwielenwelse) mit ihren 6 Gattungen (*Callichthys, Hoplosternum, Dianema, Brochis, Corydoras* und *Aspidoras*) nur auf den südamerikanischen Kontinent und Trinidad beschränkt ist. Dabei bestehen nach den bisherigen Kenntnissen
- die Gattung *Callichthys* nur aus der Art *C. callichthys*;
- die Gattung *Hoplosternum* aus den Arten *H. thoracatum litorale* und *magdalenae*;
- die Gattung *Dianema* aus den Arten *D. longibarbis* und *urostriata*;
- die Gattung *Brochis* aus den Arten *B. splendens, B. multiradiatus* und *B. britskii*;
- die Gattung *Aspidoras* aus 15 Arten;
- die Gattung *Corydoras* aus etwa 115 Arten.
Es sind also nicht wenige Arten, um deren Bestandserhaltung und Vermehrung es sich zu ringen lohnt. Besonders die Nachzucht setzt, wie wir schon erwähnt haben, bestimmte Hälterungsbedingungen und damit wenigstens einige Kenntnisse über das Verbreitungsgebiet der in Frage kommenden Arten mit seinen ökologischen Bedingungen voraus.

Verbreitungsgebiet

Die Familie Callichthyidae, speziell die *Corydoras*-Arten sind beinahe über ganz Südamerika und Trinidad verbreitet. Ausnahmen bilden der äußerste Süden und bisher der westandine Bereich, d.h., die Nord-Süd-Richtung umfaßt mehrere Klimazonen. Innerhalb dieser liegen die Einzugsgebiete einiger großer Stromsysteme:
1. parallel zum Äquator das Amazonas-Stromsystem, das größte Stromsystem der Erde;
2. nördlich des Äquators das durch den Rio Casiquiare über den Rio Negro mit dem Amazonas verbundene Orinoco-Stromsystem;

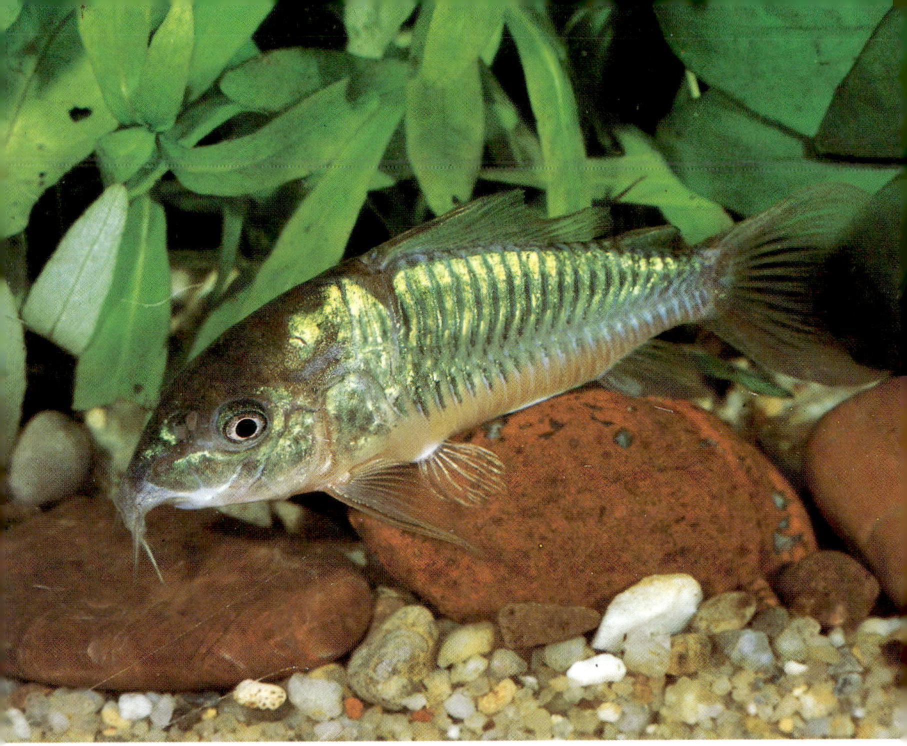

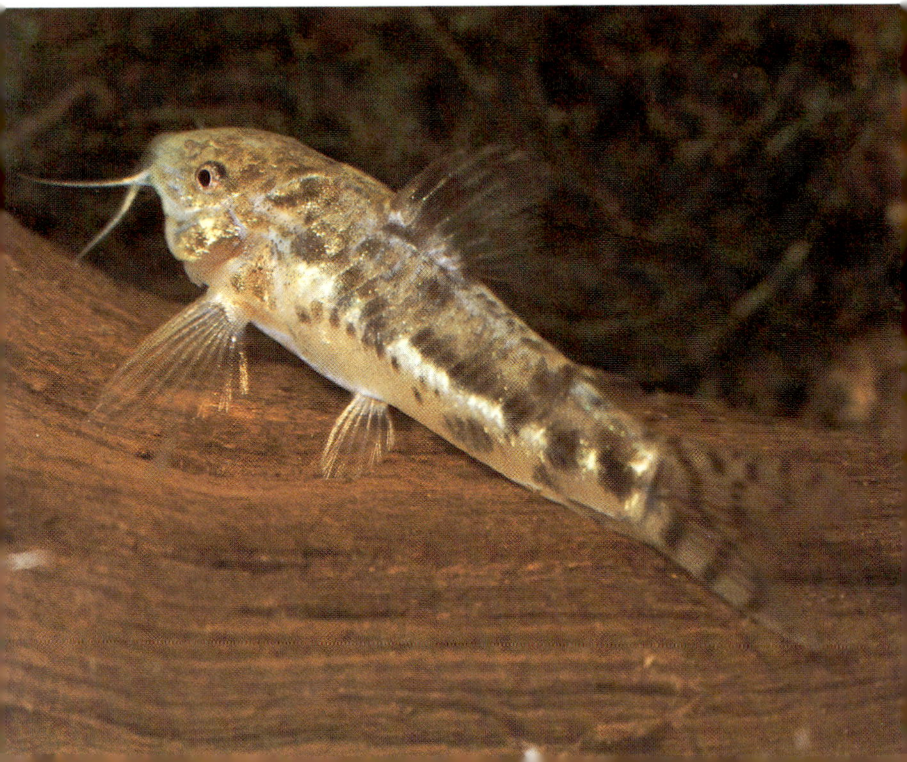

3. südlich des Äquators das Rio-Tocantins-Stromsystem und der Rio Pará, die sich im Mündungsgebiet mit dem Amazonas zu einem riesigen Delta vereinen;
4. noch weiter südlich das Rio-São-Francisco-Stromsystem;
5. jenseits des südlichen Wendekreises das La-Plata-Stromsystem.

Dazwischen liegt eine ganze Reihe von anderen Flußsystemen, in der Größe oft der Elbe gleichzusetzen, die ebenfalls in den Atlantischen Ozean münden und damit keinem der genannten Stromsysteme angehören. Doch um auf die Besonderheiten der einzelnen Flüßsysteme und die damit verbundenen klimatischen Verhältnisse ausführlich einzugehen, reicht der Umfang dieses Heftes nicht aus.

Nachfolgend sollen einige Hinweise zum Vorkommensgebiet der Panzer- und Schwielenwelse gegeben werden, die einerseits die ganze Problematik andeuten und andererseits besonders für Nachzuchtversuche von großem Interesse sind.

Gewässertypen

Nach allgemeinen Festlegungen lassen sich drei Fluß- und Seegewässertypen unterscheiden: Weiß-, Klar- und Schwarzwasser.

Sioli (s. Literatur S. 103) meint, daß die Gründe für das Zustandekommen solch verschiedener Flußtypen in den geologisch-mineralogischen, klimatischen und wohl hauptsächlich auch topographischen Verhältnissen der Quellgebiete zu suchen sind. Weißwasserflüsse sehen durch die mitgeführten anorganischen Schwebstoffe gelb und trübe aus. Das Wasser ist in den meisten Fällen sehr weich und weist einen neutralen pH-Wert auf. Diese Flüsse entspringen in Gebieten, in denen ständig eine große Menge schwebender Partikeln anfällt. Es sind meist Gebirge jüngeren Alters (wie die Anden), wo die Erosionskräfte Verwitterung, Auswaschung durch Regen und Wind noch in voller Stärke wirken. Je nach Wasserstand und Strömungsgeschwindigkeit werden diese Schwebteile in den Flußniederungen (Talebenen) abgelagert. Durch diese Sedimentation entsteht eine alluviale Überschwemmungslandschaft.

Brochis splendens

Aspidoras-Art

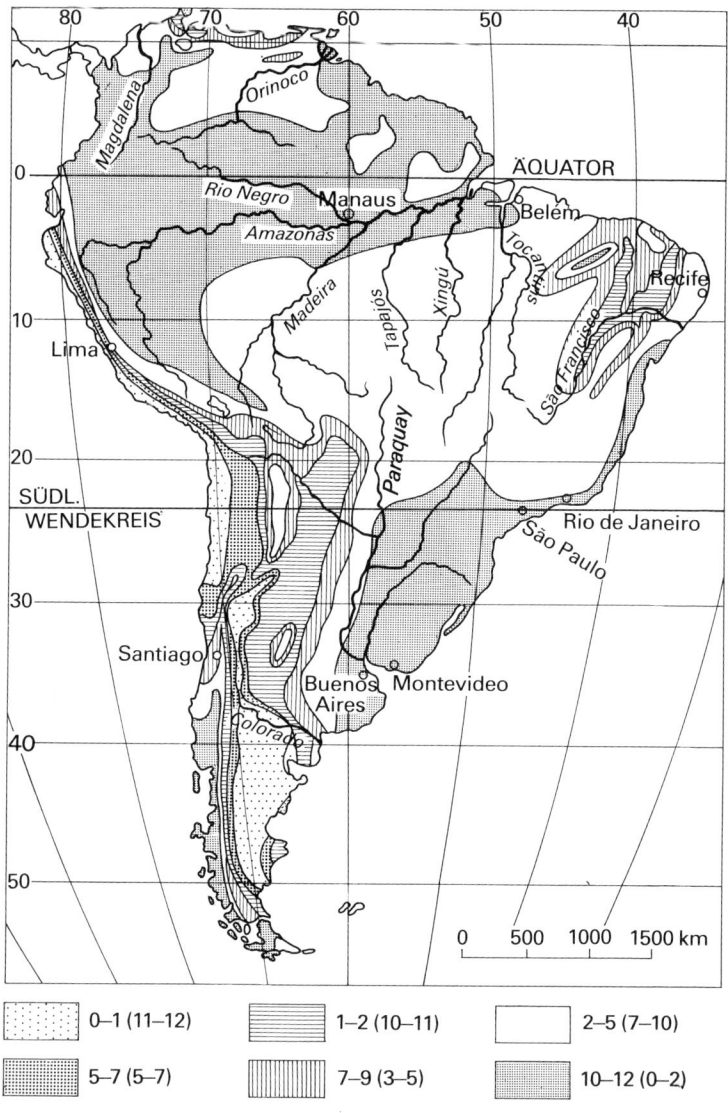

Gebiete Südamerikas mit der gleichen Anzahl humider (feuchter) Monate und in Klammern arider (trockener) Monate (vereinfacht nach Lauer)

Die Vegetationszonen Südamerikas (rechte Seite)

Die Heimatgebiete der Arten

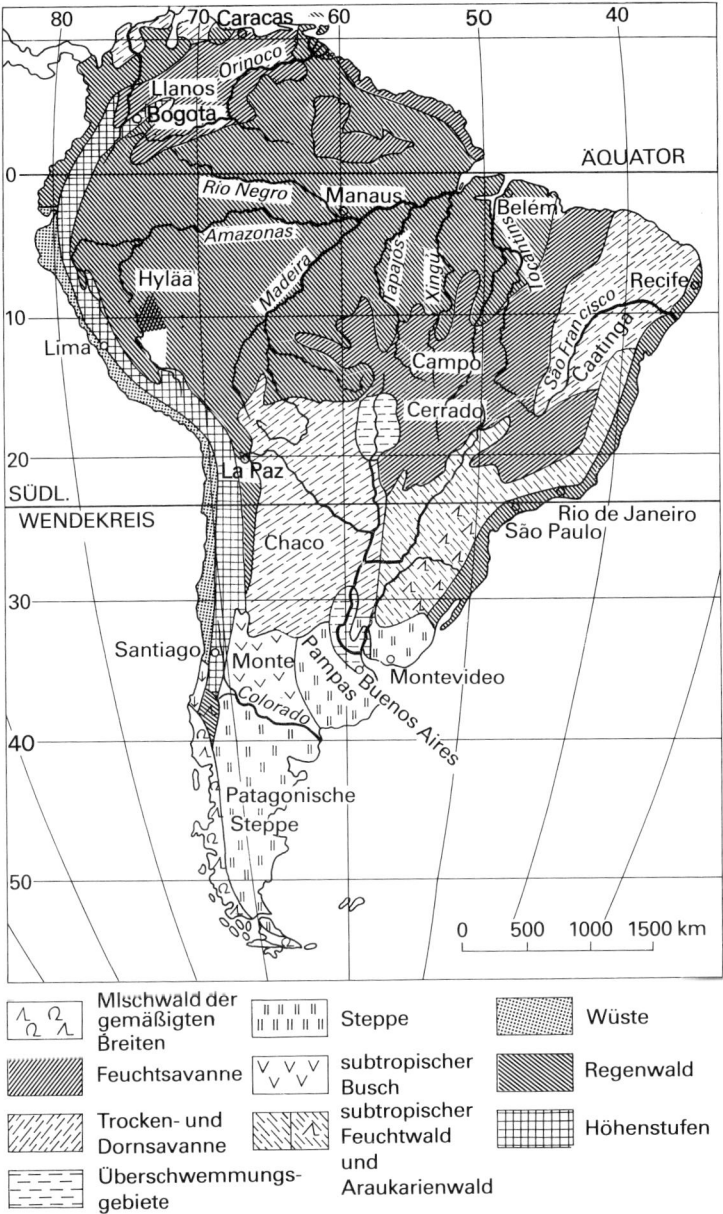

	Mischwald der gemäßigten Breiten		Steppe		Wüste
	Feuchtsavanne		subtropischer Busch		Regenwald
	Trocken- und Dornsavanne		subtropischer Feuchtwald und Araukarienwald		Höhenstufen
	Überschwemmungsgebiete				

Zusammenfluß von Rio Amazonas und Rio Negro bei Manaus – Schwarz-
und Weißwasser

Lagune bei beginnendem Hochwasser

Sie heißt in Amazonien Várzea im Unterschied zur Terra firme,
einem Gebiet, das niemals überschwemmt wird. Die Sedimentation ist bei Hochwasser in der Nähe des Ufers durch die Ablage-
rung grober Partikeln am stärksten. Danach senkt sich das Várzea-
Gelände durch geringere Ablagerungen in der Überschwemmungs-
ebene vom Flußufer in Richtung der das Flußtal begrenzenden
Terra firme leicht ab. Die tiefsten Stellen werden von großen, sehr
seichten Seen (0,5 m–2 m in der Trockenzeit) mit klarem Wasser
ausgefüllt. Diese trocknen auch in der Trockenzeit nicht immer
aus. Die höchsten Stellen in der Nähe des Flußufers nimmt ein ty-
pischer Galeriewald ein. So bestehen sehr gute Voraussetzungen
für die Entwicklung der Wassertierwelt.
    Die Klarwasserflüsse weisen eine gelbgrüne bis dunkelolivgrüne
Farbe auf, sind klar, überwiegend sehr weich und leicht sauer (pH-

Wert 6,3–6,7). Sie entspringen in Gebieten, in denen die Einebnungsvorgänge schon so weit fortgeschritten sind, daß die Verwitterungsprozesse und die mechanische Abtragung nur eine geringe Intensität haben (Hochland von Zentralbrasilien und Guayana). Die Flüsse führen nur geringe Mengen an Schwebstoffen mit sich. Auf ihrem langen Lauf durch die harten Granit-, Gneis- und armen Sandsteingegenden besitzen die Flüsse meist ein stabiles, von Stromschnellen durchsetztes, das gesamte Flußtal ausfüllendes Flußbett. Erst wenn sie in die Talebenen austreten, erweitern sich Flußbett und -tal enorm. Aber auch hier kann sich im allgemeinen durch die geringfügigen mitgeführten Schwebstoffe keine Várzea bilden. Die Flüsse gleichen weiten, von weißen Sandstränden eingefaßten Seen, die bis an die Terra firme heranreichen. Die Wassertierwelt findet gute Bedingungen.

Die Schwarzwasserflüsse sind klar und überaus durchsichtig, weich und stark sauer (pH-Wert 4,3–5,8). Alexander von Humboldt stellte fest, daß »ihr Wasser, in großen Massen gesehen, kaffeebraun erscheint oder grünlich schwarz, und doch sind es die schönsten und wohlschmeckendsten Wasser ... die Moskitos meiden die schwarzen Wasser überall«.

Ein sedimentarmer Klarwasserfluß dehnt sein Flußbett und -tal in der Ebene immer mehr in die Breite aus. Dadurch werden die Strömungsgeschwindigkeit und die Tiefenerosion geringer. Es ent-

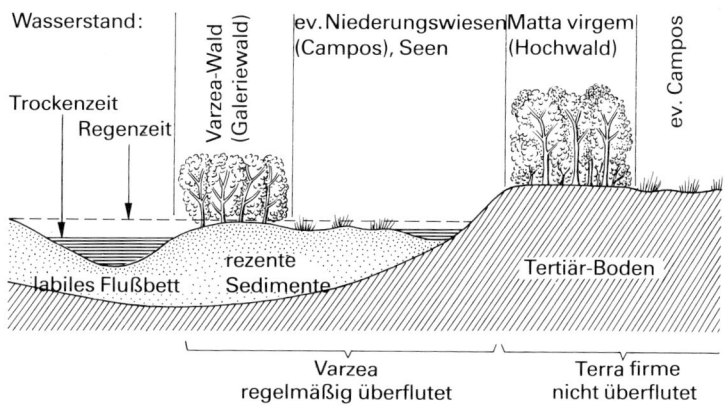

Schematische Darstellung der Varzea- und Terra firme-Gebiete (nach R. Braun)

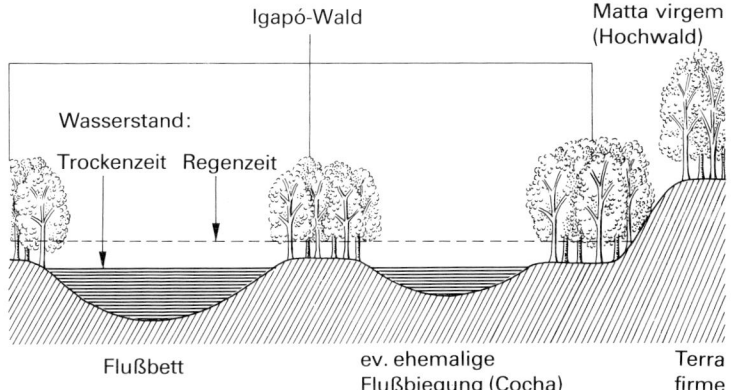

Schematische Darstellung der Schwarzwasserflüsse

steht ein breites Tal, dessen Sohle zur Hochwasserzeit von Wasser bedeckt ist. Dieses Tal wird in Amazonien von dem Igapó-Wald erfüllt, der bis an das eigentliche Flußbett heranreicht und die meiste Zeit unter Wasser steht. Es ist keine Várzea! Die sich während der Trockenzeit bildenden toten vegetativen Substanzen des Igapó-Waldes werden in der Regenzeit überspült und zersetzt. Die dabei entstehenden Humusstoffe verleihen dem Wasser seine typische braune Farbe. Durch die äußerste Armut an Alkalien und Erdalkalikationen ist das Wasser außerordentlich sauer. Hier bestehen keine guten Voraussetzungen für die Wassertierwelt.

Rio Amazonas

Der Rio Amazonas, ein Weißwasserfluß, bildet mit seinem Einzugsgebiet das größte und zugleich zierfischreichste Flußsystem der Erde. Er fließt fast parallel zum Äquator, erreicht eine Länge von 6 280 km und nimmt annähernd 500 Nebenflüsse aller 3 Wassertypen auf, von denen 17 weit größer sind als der Rhein. Sein Wasser ist von außerordentlicher chemischer Reinheit und hat einen Härtegrad um 1° dGH. Es gibt auch Hinweise, daß es in den schmalen Salz- und Kalkgebieten (Karbonformation), die sich in etwa 100 km Entfernung beiderseits des Amazonas von Santarem bis Manaus entlangziehen, dicht nebeneinander kleinere Flüsse

Typische Flußlandschaft am Amazonas

mit vollständig unterschiedlichen Wasserwerten gibt. PH-Werte von 4,5 bis 7,8, dGH von 0,42° bis 28,6° und z.B. freie Kohlensäure (CO_2) von 1,6 bis 82 mg/l wurden gemessen.

Das Klima wird durch Temperaturen zwischen 24° und 26 °C gekennzeichnet und weist nur geringe Jahres- und Tagesunterschiede auf. Dabei sind die tageszeitlichen Schwankungen größer als die jahreszeitlichen. Eine Temperatur von 40 °C wird nirgends erreicht, von 20 °C aber auch selten unterschritten. Die Luftfeuchtigkeit beträgt etwa 80 % und mehr. Das obere und untere Amazonasgebiet sind ausgesprochen innertropische Regengebiete mit nur kurzen, bedeutungslosen Trockenzeiten. Im mittleren Amazonasgebiet gibt es allerdings eine längere Trockenzeit (Verano genannt) von Juni bis September oder höchstens bis November. Von Dezember bis Mai herrscht die Regenzeit (Invierno), während der die Nebenflüsse dem Amazonas riesige Wassermengen zuführen, so daß er im Mittellauf um 10 bis 15 m ansteigt und Várzeas sowie Igapós überschwemmt werden. Es bilden sich laufend neue Flußarme, wobei durch Ablagerungen abgesperrte Flußarme in Seen (Cocha) umfunktioniert werden.

Charakteristisch ist das Fehlen von bodenständigen Wasserpflanzen in den Flußgebieten und den meisten Seen. Den Fischen bieten Steine, Uferpflanzen, Wurzelwerk, umgestürzte Bäume und schwimmende Wasserpflanzenteppiche Versteckmöglichkeiten. Interessant und für unsere Verhältnisse ungewöhnlich ist, daß zum Ende der Trockenzeit der Gehalt der Gewässer an gelösten Stoffen sehr gering war. Zu dieser Zeit hatte sich in fast allen untersuchten Seen (auch im unteren »Flußsee« Rio Tapajoz) eine große Anzahl von Bodentieren angesammelt. Weiße, rote und schwarze Mückenlarven, Larven der Köcherfliegen, Tubeifiziden, keratopogene Larven (Gnitzen), Eintagsfliegenlarven, Wasserflöhe, Großkrebse, Nematoden (Saugwürmer) und Hydrakarinen (Wassermilben) wurden in Mengen bis zu 12 000 pro Quadratmeter im weichen Schlick und bis zu 5 400 im Quarzsandboden gefunden. Diese Anzahl nimmt im Verlaufe der Regenzeit zum Teil rapide ab. Umgekehrt verhält es sich beim Plankton. Am Ende der Trockenzeit ist das Plankton sehr artenarm, und es sind wenig Einzelindividuen vorhanden. Mit dem Einsetzen der Regenzeit wird durch das Einschwemmen,

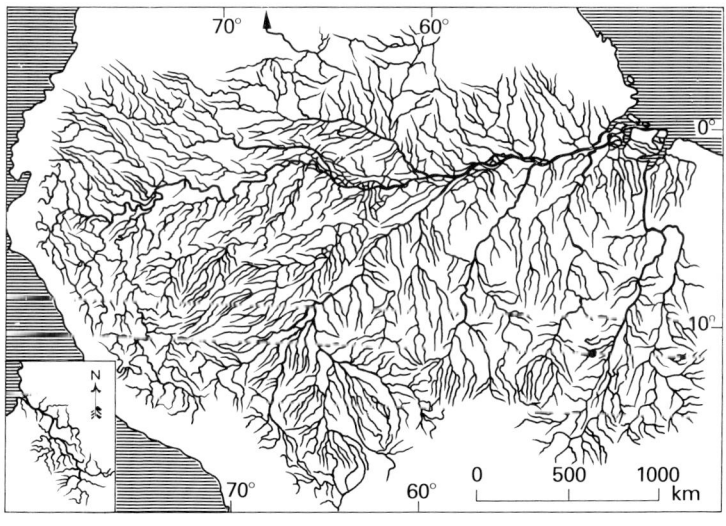

Der Strombaum des Amazonas im Vergleich zu dem der Elbe

wenn auch nur geringer Mengen, von Mineralsalzen ein ständiges Ansteigen der Planktonmenge beobachtet. Das tierische Plankton ist dann besonders reich an Bosmiden, *Diaptomus*- und *Cyclops*-Arten. In die Zeit dieses reichlichen Kleinfutterangebotes fällt auch die Laichzeit vieler Zierfischarten.

Orinoco-Stromsystem

Das Stromsystem des Orinoco ist dem des Amazonas ähnlich. Der Fluß hat eine Länge von 2 736 km. Er ist ebenfalls ein Weißwasserfluß. Seine östlichen Nebenflüsse sind aber zum Teil wasserreiche Schwarzwasserflüsse, während die westlichen, z. B. der Rio Meta, der Rio Guaviare und der Rio Arauca, in der Regel Weißwasserflüsse sind. Die Regenzeit herrscht hier von April bis Oktober, eine kleine Regenzeit im östlichen Mittel- und Oberlauf von November bis Januar. Die Überschwemmungsgebiete liegen hauptsächlich im westlichen und nördlichen Orinoco-Stromsystem. Wegen der zwischen Orinoco- und Amazonas-Becken äußerst geringen Reliefunterschiede bildete sich die von Alexander von Humboldt entdeckte und durch ihn berühmt gewordene Gabelung (Bifurkation) des Rio Orinoco in Rio Orinoco und Rio Casiquiare. Letzterer mündet in den Rio Negro und verbindet somit das Orinoco-Stromsystem mit dem Amazonas-Stromsystem.

La-Plata-Stromsystem

Nach dem Amazonas-Stromsystem ist das des La-Plata-Stromes das zweitgrößte Südamerikas. Es wird durch den Rio Paraná mit 4 700 km und seinen 2 200 km langen größten Nebenfluß, den Rio Paraguay, gebildet. Dieses Weißwasserflußsystem reicht vom 15. bis 35. südlichen Breitengrad, liegt also hauptsächlich im subtropischen Bereich. Je weiter man zum südlichen Wendekreis und darüber hinaus südlich vordringt, um so stärker werden die jahres- und tageszeitlichen Unterschiede. Besonders die niedrigen Temperaturen der Wintermonate und das Auftreten von Frösten setzen der Entwicklung tropischen Lebens Grenzen. Da im unteren Teil Südamerikas Gebirgshindernisse fehlen, können die kalten Winde des Westwindgürtels weit nach Norden vorstoßen. So ist der Pampero gefürchtet, ein kalter stürmischer Südwind, der im Gefolge von Kaltlufteinbrüchen, plötzlichen Temperaturstürzen und gewittrigen Frontböen bis nach Paraguay vordringt. Im Sommer ist es dagegen durch den hohen und langen Sonnenstand sehr heiß, Temperaturen von 40 °C im Schatten sowie tageszeitliche Temperaturunterschiede von 20 °C und mehr sind keine Seltenheit. Dies hat wiederum auf den Wasserhaushalt einen erheblichen Einfluß. Man findet vom südlichen Wendekreis (23,5° südlicher Breite) bis etwa 40° südlicher Breite auf der Ostseite des Kontinents feuchte Gebiete, während in der Mitte und im Westteil Trockenheit herrscht.

Durch diese Gebiete fließt der Paraguay und ab Posadas auch der Paraná. Er und seine Nebenflüsse haben im Oberlauf tiefe Flußtäler eingeschnitten, fließen sehr schnell und bilden zahlreiche Stromschnellen und Wasserfälle. Berühmt sind die 72 m hohen und mehr als 4 km breiten Wasserfälle des Iguassú, die zweitmächtigsten der Erde. Die Hochflächen sowohl des oberen Paraná als auch des oberen Paraguay weisen ebenfalls einen deutlichen Unterschied zwischen Trocken- und Regenzeit auf. Die Regenzeit reicht vom November bis März mit durchschnittlich 1 200 bis 1 600 mm Niederschlägen. Nach Aufnahme des Paraguay durchfließt der Paraná riesige ebene Hartgrassteppen (Pampas), ein sehr niederschlagsarmes Gebiet, das den genannten starken Temperaturschwankungen unterliegt.

Erwähnt werden soll noch der östliche, parallel zum Paraná und mit ihm ein gemeinsames Delta bildende, 1 650 km lange Uruguay. Das Pampagebiet, das er durchfließt, ist niederschlagsreicher.

Verbreitungsübersicht

Die Karte gibt einen Überblick über die zur Zeit bekannten Vorkommensgebiete einiger am häufigsten gepflegten *Corydoras*-Arten. Dabei wurden die in verschiedenen Zeitschriften veröffentlichten Berichte über Fundorte mit unsicherer Artbestimmung nicht berücksichtigt. Die Übersicht erlaubt eine, wenn auch recht grobe, Eingliederung der bei uns vorhandenen Panzer- und Schwielenwelse in bestimmte Temperatur- und Wasserbereiche. Diese Zuordnung wurde durch Expeditionen erleichtert, die an Ort und Stelle mit den Fangergebnissen zugleich die Umweltwerte festgehalten haben. Neben dem sehr wichtigen Gewässertyp – kommen doch

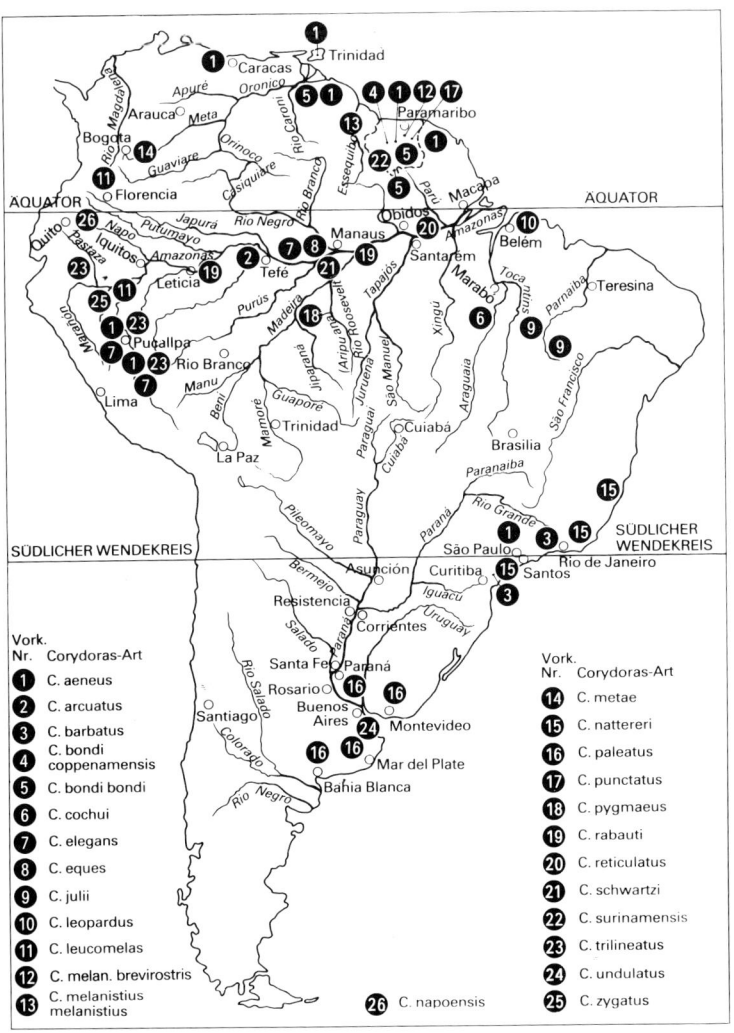

Vork. Nr.	Corydoras-Art	Vork. Nr.	Corydoras-Art
①	C. aeneus	⑭	C. metae
②	C. arcuatus	⑮	C. nattereri
③	C. barbatus	⑯	C. paleatus
④	C. bondi coppenamensis	⑰	C. punctatus
⑤	C. bondi bondi	⑱	C. pygmaeus
⑥	C. cochui	⑲	C. rabauti
⑦	C. elegans	⑳	C. reticulatus
⑧	C. eques	㉑	C. schwartzi
⑨	C. julii	㉒	C. surinamensis
⑩	C. leopardus	㉓	C. trilineatus
⑪	C. leucomelas	㉔	C. undulatus
⑫	C. melan. brevirostris	㉕	C. zygatus
⑬	C. melanistius melanistius	㉖	C. napoensis

Überblick über die Vorkommensgebiete der am häufigsten gepflegten *Corydoras*-Arten

die Panzerwelse oft in kleinen und kleinsten Zuflüssen, dem Hauptfluß oft nicht entsprechenden Wassertyp vor – und den Wassermeßwerten sind Hinweise über die Ufer- und Flußgrundbeschaffenheit sowie das Nährstoffangebot recht interessant und bedeutungsvoll. Beachtet werden sollte aber, daß diese Angaben überwiegend aus der Trockenzeit stammen. In der Regenzeit können sich einige Werte durchaus erheblich ändern. Dabei wirken sich diese Veränderungen in größeren Strömen weniger stark aus als in den kleinen Flüssen, Bächen, Seen und Resttümpeln. Jedoch sollten die für unser Anliegen wichtigen Veränderungen besonders bei den Nachzuchtversuchen beachtet werden.

Die nachfolgende Tabelle stellt einen Auszug aus Reihenuntersuchungen von Braun dar, die am unteren Rio Tapajóz (Klarwassertyp) nahe der Einmündung in den Rio Amazonas und an dem in den Rio Tapajóz mündenden Schwarzwasserbach Igarapé Grande (Igarapé-Bach) in der Regenzeit durchgeführt wurden.

Regenzeit Rio Tapajóz (Klarwasser)

	Nov.	Dez.	Jan.	Feb.	März	April	Mai
pH-Wert	6,6	6,5	6,4	6,3	6,4	6,5	6,6
Gesamthärte (°d.H.)	0,39	0,34	0,28	0,90	0,78	0,73	0,67
Bikarbonatkohlensäure mg CO_2/l	5,5	4,5	3,8	3,0	3,5	4,0	4,3

Regenzeit Igarapé Grande (Schwarzwasserbach)

	Nov.	Dez.	Jan.	Feb.	März	April	Mai
pH-Wert	4,8	5,0	5,2	5,4	5,5	5,6	5,6
Gesamthärte (°d.H.)	0,05	0,22	0,39	0,5	0,67	0,84	1,01
Bikarbonatkohlensäure mg CO_2/l	1,8	1,7	1,6	1,4	1,0	0,5	0,1

Welse im Gesellschaftsbecken

Immer mehr Familien pflegen in ihrer Wohnung schmückende Zimmerpflanzen, und es hat sich auch der Anteil der Familien erhöht, die Aquarien einrichten. Sie wollen mit den darin gepflegten Wasserpflanzen nicht nur Grünes in die Wohnung bringen, sondern durch die Fische auch Bewegung. Diesen Bürgern geht es nicht um die Zucht von Zierfischen, sie suchen vielmehr Ruhe und

Entspannung. Oft werden die Aquarien aus den verschiedensten Motiven heraus auch für die Kinder gestaltet. Doch bei der Auswahl der Fische für das Gesellschaftsbecken fängt die Diskussion an. Es wird durchaus als richtig angesehen, daß bei der Zusammensetzung des Tiermaterials die Ober-, Mittel- und Bodenzonen des Wassers zu beachten sind. Aber soll man für die Bodenzone ausgerechnet Welse nehmen, diese Mulmwolken »erzeugenden« Gesellen? Solche Mulmwolken entstehen, weil die Fische den Bodengrund nach etwas Freßbarem »durchforsten«. Um die Mulmwolken sicher beseitigen zu können, bedarf es gewisser technischer Voraussetzungen, z. B. mechanischer Schnellfilter. Mit mehr oder weniger starken Filtereinrichtungen wird heute jedes Aquarium versehen. Wenn man bei der Auswahl des Filtersystems die Größe des Beckens und den Fischbesatz beachtet, kann durch ausreichendes Absaugen der Schwebstoffe einwandfreies, klares Wasser im Becken geschaffen werden.

Die Cichlidenspezialisten können dies bestimmt bestätigen. Sie waren doch bei der Hälterung ihrer Pfleglinge gezwungen, sich mit diesem Problem besonders auseinanderzusetzen. Ihre Filterapparaturen sind sehr gut und wirkungsvoll geworden.

Zum anderen wechseln viele Aquarienfreunde in bestimmten Zeitabständen einen Teil des Wassers. Sie verbinden dies oftmals mit dem Absaugen des Mulms, wenn sie über keine gute Filteranlage verfügen. Dann bleibt für die Welse nichts mehr zum Aufwühlen übrig!

Im Hinblick auf die Pflege der Wasserpflanzen wird immer wieder angeführt, daß außer auf eventuelle Düngergaben, Teilwasserwechsel zur Spurenelementanreicherung, Lichtung der Pflanzen zur besseren Entfaltung usw. auch darauf geachtet werden soll, daß der Bodengrund wasserdurchlässig bleibt, um die notwendige Wasserzirkulation zu gewährleisten.

Während der Fütterung sinken immer wieder von den Ober- und Mittelzonenfischen nicht erhaschte Futterreste zu Boden, weil zu oft oder zu viel auf einmal gefüttert wird. Die genannten Fische jagen dann dem Futter nicht mehr hinterher. Das verwesende Futter belastet das Wasser durch starke Infusorienbildung, durch Sauerstoffentzug, und schließlich verdichtet es auch noch den Bodengrund. Doch die Welse können hier für Abhilfe sorgen, da sie ihr Futter hauptsächlich vom Boden aufnehmen.

Welse sollten also ebenso für das Gesellschaftsbecken vorgesehen werden wie andere Fische auch. Wenn wir uns dazu entschlossen haben, darf die allgemeine Regel nicht außer acht gelassen werden, daß für einen mittelgroßen Fisch von 5 bis 8 cm Länge 5 l Wasser notwendig sind. Ausschlaggebend für die Anzahl der Fische ist also immer die Größe des Aquariums. Die Welse müssen wie jeder andere Fisch zur Besatzstärke zählen, damit das Becken nicht übersetzt wird und unangenehme Folgen von vornherein vermieden werden.

Merken wir uns also: Insgesamt dürfen nur so viel Fische im Aquarium enthalten sein, wie es seine Größe zuläßt!

Anzahl der Welse

Weit verbreitet ist die Auffassung, daß Welse ausgesprochene nacht- und dämmerungsaktive Tiere seien und deshalb am Tage nur zu sehen wären, wenn gefüttert wird. Wodurch entstand diese Meinung? Nach Ansicht der Autoren gibt es mehrere Ursachen: Fast alle uns bekannten Welsarten sind Schwarmtiere. Sie entfalten ihre Eigenschaften erst richtig in der Gruppe. Sehr oft haben wir aber Gesellschaftsbecken gesehen, in denen nur bis zu 3 Panzerwelse einquartiert waren. Auf den Hinweis, doch wenigstens 5 Tiere einer Art zu halten, wurden viele oft nicht stichhaltige Gründe dagegen angebracht. Geschmack und Vorstellungen der Aquarienfreunde errichteten Hürden, falsche Ansichten hemmten. Aber auch bei gutem Willen waren besonders die Preise und die Seltenheit einiger Arten, z.B. der *Corydoras julii-* oder *Corydoras melanistius*-Ähnlichen, die Ursache für die geringe Anzahl. Wegen ihrer relativen Kleinheit von 5 bis 7 cm sind sie auch vorzugsweise für kleine Aquarien oder für einen größeren Schwarm günstiger.

Soll man jedoch durch eine zu geringe Anzahl auf die Beobachtung dieser wirklich possierlichen Tierchen im Schwarm verzichten? Wer schon einmal das Imponierverhalten von gutgepflegten *Corydoras paleatus*-Männchen beobachtet hat, wird davon begeistert gewesen sein. Das gleiche trifft auch auf *Corydoras aeneus* zu. Aber es sind dann mehrere Tiere notwendig, in der Regel 5 bis 10. Hinzu kommt noch, daß die Panzerwelse beim Kauf meist erst 3 bis 4 cm groß sind und man Geschlechtsunterschiede bei dieser Größe noch nicht oder nicht sicher erkennen kann. Aber um wirklich Freude an den Tieren zu haben, sind mehr Männchen als Weibchen gün-

stiger, weil dies ihrem natürlichen Leben, besonders in der Laichzeit, am nächsten kommt. Hat man, wie sich später herausstellen
kann, nur oder überwiegend Weibchen erworben, müßte ein
Tauschpartner gefunden werden. Das gleiche gilt auch, wenn kein
oder nur ein weibliches Tier vorhanden sein sollte. Am erfolgversprechendsten ist wohl die Nachfrage in einer Aquarianer-Fach-
gruppe.

Merken wir uns also: Je nach Größe des Aquariums sollten wenigstens 5 bis 10 Welse einer Art gehalten werden!

Gemischte Gruppe

Natürlich kann eine Gruppe auch aus mehreren *Corydoras*-Arten
zusammengestellt werden, da sie zur Geselligkeit neigen. Sie beanspruchen keine festen Reviere und verteidigen deshalb ihre Ruheplätze nicht intensiv und bösartig. Sie sind Schwarmfische ohne
eine feste Rangordnung. Auch spielt die Größe der einzelnen Arten dabei keine Rolle. Nur hat solch eine gemischte Gruppe auch
ihre Nachteile. Die Tiere »spielen« weniger, und es sondern sich
gewöhnlich mehr Tiere ab, um sich an einem versteckten Platz in
Ruhe aufzuhalten. Auch das Imponiergebaren der Männchen, ver-
bunden mit einer intensiveren, schöneren Färbung und lebhafteren
Bewegungen, wird uns dann meistens vorenthalten und damit das
Schönste und Aufregendste an den Panzerwelsen. Unter ihnen gibt
es Arten, die wochenlang balzen. Voraussetzung ist, daß sie gut gepflegt und gefüttert und nicht nur als Mulmvertilger angesehen
wurden.

Füttern

Welse sind also nicht bloß Mulmverwerter und mit Futterresten zufrieden. Ist es doch auch fraglich, ob bei ihnen als bodenständigen
Tieren noch Futterreste ankommen, wenn das Hauptfutter überwiegend aus Trockenfutterarten besteht. Erfahrungsgemäß bleibt das
Trockenfutter längere Zeit an der Oberfläche und damit in der Regel für die Panzerwelse unerreichbar. Die Mehrzahl der Welse
»lernt« es wohl, sich das Futter auch von der Oberfläche zu holen;
aber dies entspricht nicht ihrer normalen Lebensweise. Wenn viel

Lebendfutter gereicht wird, kommen die Welse leichter zu ihrer Nahrung. Gib es aber nur große Daphnien (Wasserflöhe), so haben die kleineren Arten beim Erhaschen der Futtertiere Schwierigkeiten. Außerdem führt die einseitige Fütterung, z. B. nur mit Daphnien, zu Mangelerscheinungen.

Durch unzureichende Fütterung geschwächte und hungrige Tiere suchen, solange sie dazu noch in der Lage sind, ständig nach etwas Freßbarem. Wenn dies nur im Bodengrund zu finden ist, so gründeln sie eben.

Panzerwelse gründeln in der Regel nur an der Bodenoberfläche oder höchstens 2 bis 3 mm tief. Bei unzulänglicher Fütterung kann aber eine Reihe von Arten bis zu 20 mm tief wühlen, auch dann, wenn der Bodenbelag aus bis zu etwa 4 mm starkem Kies besteht und ab und zu die von vielen Fachgeschäften angebotenen Tubifex-Würmer verfüttert werden. Diese Würmer verschwinden so schnell wie möglich in ihrem natürlichen Lebensraum, dem Bodengrund, wobei sie das hintere Ende zur Sauerstoffgewinnung 20 bis 30 mm aus dem Boden strecken, es aber bei Gefahr sofort wieder im Kies verschwinden lassen. Da Tubifiziden zur Lieblingsnahrung einiger Panzerwelsarten gehören, ist es verständlich, daß sie ihnen nachjagen. Sehr oft werden die Würmer dabei auseinandergerissen, und der in der Bodenschicht verbleibende Teil verwest. So wird durch größere Mengen, die bei zu starker Fütterung sehr schnell anfallen, der Bodengrund mit Fäulniserregern stark angereichert, und es können nachteilige Folgen für die Tiere und Pflanzen auftreten.

Wenn alle Fische im Becken abwechslungsreich und gut dosiert gefüttert werden, läßt sich dies alles vermeiden. Eine in eine Ecke eingeordnete Schale mit feinem bis zu 2 mm starkem Kies ist der Fütterung der Welse besonders dienlich. Wurmglocke und Futterring für die anderen Beckeninsassen sind darüber zu stationieren. Wenn notwendig, sollten die Welse ab und zu abends – nach dem Ausschalten der Aquarienbeleuchtung – extra gefüttert werden. Denn die meisten anderen Beckenbewohner begeben sich bei Dämmerung oder Dunkelheit zur Ruhe, während die Welse, zumal wenn sie hungrig sind, noch eifrig im Becken umherhuschen.

Welse fressen handelsübliches Trocken- und Lebendfutter, wie Wasserflöhe, Zyklops, weiße, rote und schwarze Mückenlarven, Tubifex, Enchyträen, Grindalwürmchen u. a. m. Im gefrosteten Zustand verabreicht, werden Waserflöhe, Zyklops, rote, weiße und schwarze Mückenlarven sowie zerkleinertes Rinderherz ganz gern genommen. Hinzu kommen Trockenfutter in den verschiedensten Zusammensetzungen und außerdem noch Forellen- und Karpfenpellets. Vorrangig sollte jedoch Lebendfutter oder gefrostetes Futter gereicht werden, weil einige Panzerwelsarten nur ungern Trockenfutter annehmen.

Merken wir uns also: Es ist so abwechslungsreich und ausreichend zu füttern, daß auch die Welse genügend Futter erhalten!

Wie weiß man, daß das richtige Maß erreicht ist? In der Regel sollte das Futter so lange in Intervallen gegeben werden, bis das Jagen danach aufhört. Wenn man sich die Zeit nimmt, seine Tiere zu beobachten, wird die Menge des zu verabfolgenden Futters bald eine Erfahrungsangelegenheit. In der Woche sollten bei guter Fütterung ein bis zwei Hungertage eingelegt werden, denn erwachsene Tiere verfetten schnell und werden dann träge sowie anfällig gegen schlechte Umweltverhältnisse. Junge, im Wachstum begriffene Tiere werden davon kaum betroffen.

Einrichtung des Aquariums

Zur Aquariumeinrichtung braucht hier wohl wenig gesagt zu werden. Darüber gibt es schon viele Hinweise und Ratschläge von anderen Autoren. Nur soviel sei noch bemerkt: Gewöhnlich werden zur dekorativen Gestaltung eines Aquariums Moorkienholzwurzeln, Steinholz und andere Aufbauten benutzt, die für die Welse Unterschlupfmöglichkeiten und Ruheplätze bieten. Doch reicht auch eine gute Bepflanzung ohne diese Dekorationsstücke für sie vollkommen aus. Wenn man die Welse sehen möchte, so sollten im Vordergrund freie oder mit sehr niedrig bleibenden Pflanzen gestaltete Stellen vorhanden sein. Auf eine besondere Futterstelle für die Welse wurde schon hingewiesen.

Wichtig für die Welse ist der Bodengrund! Er sollte aus abgerundetem Kies bestehen, wobei die Größe der Steine im allgemeinen keine allzu große Rolle spielt.

Es gibt unter den Panzerwelsen kurz-, normal- und langschnäuzige Arten. Die kurzschnäuzigen Arten lieben feinen Kies, sie gründeln (wühlen) kaum. Die normalschnäuzigen dagegen neigen stärker zum Gründeln. Die langschnäuzigen Arten schließlich bevorzugen, wenn möglich, über 10 mm groben Kies. Sie suchen gern

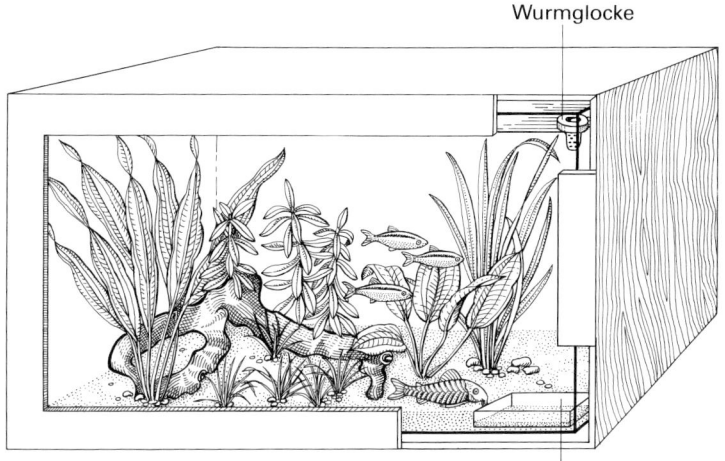

Wurmglocke

Futterschale

Gesellschaftsbecken mit Fütterungsplatz

in den Zwischenräumen nach etwas Freßbarem. Wichtig für alle
Arten ist aber, daß kein scharfkantiger Kies verwandt wird. Besonders gefährlich ist frischgebrochener Basaltsplitt. Er ist seiner dunklen Farbe wegen als Bodengrund wohl sehr beliebt, aber den Tieren
nicht zuträglich, denn bei diesem Bodenbelag verletzen sich die
Panzerwelse sehr schnell die Schnauze oder ihre Barteln. Dann
sind sie in ihrem Wohlbefinden gestört, benutzen sie doch bei der
Nahrungssuche die Barteln. Durch Verletzungen sind sie auch
leichter gegen negative Umwelteinflüsse anfällig.

Temperaturansprüche

Viele Aquarianer sind der Ansicht, daß Welse sehr robuste, aus-
dauernde und genügsame Gesellen seien. Dieser Auffassung können wir uns durchaus anschließen, wenn damit die regelmäßig im
Handel angebotenen *Corydoras paleatus, C. aeneus* und *Hoplosternum
thoracatum* gemeint sind. So wurde z. B. *C. paleatus* unter anderem
in einem kleinen Nebenfluß des Uruguay, etwa 140 km nördlich
von Buenos Aires, gefunden. Am Ende der Trockenzeit im September wurden die Tiere am Vormittag bei einer Wassertemperatur

Corydoras paleatus. Deutlich sichtbar die Ober- und Unterkieferbarteln, die zum Laichen und Wohlbefinden für Welse wichtig sind

von nur 16 °C im lehmig-grauen Wasser des langsam fließenden Flusses mit verschlammtem Grund (pH 7,3) gefangen. Nach Literaturhinweisen fand man *C. paleatus* sogar lebend unter einer Eisdecke im Schlamm bei nur 3 °C. Wir hielten die Fische nach langsamer Abkühlung über mehrere Tage bei 7 °C, und nach einer allmählichen Erwärmung auf 20 °C laichten diese Tiere prompt. So gibt es Aquarianer, die vorzugsweise die weiblichen Panzerwelse unter fließendes kaltes Leitungswasser halten, um die Laichbereitschaft zu stimulieren. Wir heißen diese Methode jedoch nicht gut und empfehlen deshalb diesen Versuch auch nicht. Aber er zeigt die Widerstandsfähigkeit der Art. Dies ist auch kein Wunder, kommt doch *C. paleatus* aus Gebieten des südlichen subtropischen Bereiches mit zum Teil krassen Temperaturschwankungen.

Wie sieht es aber bei den anderen *Corydoras*-Arten aus? Schon bei *C. aeneus* darf man solche Versuche nicht durchführen, denn seine Lieblingstemperatur liegt bei 24 °C. Temperaturen unter 20 °C oder über 28 °C über einen längeren Zeitraum können zum Verlust der Tiere führen. In einem Fall sank in einem Welsgemeinschaftsbecken der Autoren durch technisches Versagen des Heizers die Temperatur von etwa 26 °C auf 18 °C und verblieb so über 3 Tage. Dies überlebten alle *C. arcuatus* und die Mehrzahl von *C. metae* nicht. Sie verendeten nach und nach. *C. zygatus* und *C. julii*-Ähnliche überstanden diesen Temperaturabfall dagegen unbeschadet. Die Vertreter von *C. elegans* hingegen bekamen einen Pilzbefall an den Flossen und Schnauzen. Die Pilzbildung heilte aber unter normalen Bedingungen durch Betupfen der befallenen Stellen mit Methylenblau oder Formalin (10 %) außerhalb des Wassers (etwa 30 Sekunden) und bei einer geringen Methylenblauzugabe (50 bis 100 mg/100 l) zum Aquarienwasser relativ schnell wieder ab.

Einen plötzlichen Temperaturabfall oder -anstieg von 2 bis 4 °C vertragen alle Welse unbeschadet. Entscheidend ist dabei die gewohnte Temperatur. Sie liegt in der Regel bei 22 bis 26 °C für alle Welsarten. Da fast alle anderen Zierfischarten zum Wohlbefinden annähernd gleiche Temperaturen benötigen, gibt es für das Gesellschaftsbecken mit Welsen keine besonderen Probleme.

Merken wir uns also:

1. Welse fühlen sich bei einer Temperatur von 22 bis 26 °C am wohlsten.
2. Für die heller gefärbten Arten sollten die höheren Temperaturen gewählt werden.

Zusatzatmung

Die meisten Aquarien werden nicht nur durch die Raumtemperatur, sondern in vielen Fällen durch Zusatzheizungen und Beleuchtungsanlagen beheizt. Gewöhnlich sind diese Becken mit Abdeckscheiben versehen, um Wasserverluste durch Verdampfung zu vermeiden und die technischen Anlagen vor Feuchtigkeit zu schützen. Die Abdeckung des Aquariums bringt für die Panzerwelse keine Probleme mit sich, wenn ein Freiraum von etwa 2 cm gelassen wird.

Anders ist es aber bei Becken, die zusätzlich beheizt werden und nicht abgedeckt sind. Die Panzerwelse besitzen eine zusätzliche (akzessorische) Atmung, d. h., neben dem normalen Gasaustausch über die Kiemen atmen sie auch über den Darm. Dazu nehmen sie von der Wasseroberfläche atmosphärische Luft durch das Maul auf, indem sie sich meist langsam vom Boden lösen, ein kleines Weilchen rüttelnd im freien Wasser stehenbleiben und dann blitzschnell zur Wasseroberfläche emporschießen. Dabei können sie mitunter einige Zentimeter mit dem Kopf aus dem Wasser herausragen. Nach einer Kehrtwendung tauchen sie schnell wieder in die unteren Wasserbereiche zurück. Wenn das Becken nicht abgedeckt ist und ein erheblicher Temperaturunterschied zwischen dem Wasser und der Raumtemperatur besteht, können bei einigen Welsarten Störungen im Magen- und Darmtrakt auftreten.

Diese Zusatzatmung läßt sich durch die natürliche Umwelt der Welse erklären. Sie bewohnen meistens kleine und kleinste Flußläufe, seichte Buchten und Seen, die in der Trockenzeit oft den größten Teil ihres Wasserbestandes durch Verdunstung verlieren und erst in der Regenzeit wieder aufgefüllt werden. An diese extremen Umweltverhältnisse sind die Welse recht gut angepaßt, weil sie den in den bodennahen Zonen des Wassers unzureichend vorhandenen Sauerstoff durch die Aufnahme atmosphärischer Luft ergänzen können. In der Literatur sind Beispiele angeführt, daß besonders die Schwielenwelse Callichthys callichthys und Hoplosternum thoracatum in feuchtem Schlamm ehemals wasserführender Seen lebend gefunden wurden und daß sie bei völliger Austrocknung der Seen mit Hilfe ihrer Brustflossen über Land »wandern« können, um zu einem noch wasserführenden Bereich zu gelangen.

Wasserqualität

Nun könnte man doch annehmen, daß die Welse auch im Aquarium in jedem Wasser überleben würden. So ist es aber nicht! Denn das Milieu des Aquariums kann nicht dem natürlichen Lebensraum gleichgesetzt werden. Im Aquarium kommt es durch die verschiedensten Umstände, z. B. Überfüttern, zu starke Sonneneinstrahlung und fehlende zusätzliche Belüftung, zu Situationen, die für die Welse schädlich sind.

Oftmals werden die Fische auch durch starke pH-Wert-Änderungen, besonders in den sauren Bereich, durch Ammoniak- und Nitritbildungen oder extremen Sauerstoffmangel derart geschädigt, daß dies eine Reihe von ihnen nicht überlebt. Eigentlich sind die Welse auch regelrechte »Sauerstoffmangel- und Schlechtwasserbarometer«, denn je öfter sie zur Oberfläche schießen, desto sauerstoffärmer ist das Wasser. Unter normalen Bedingungen holen sie relativ selten Luft von der Oberfläche.

Um radikalen Abweichungen vorzubeugen, ist ein regelmäßiger Teilwasseraustausch je nach Größe des Beckens und dem Besatz mit Fischen in einem Zeitraum von 3 bis 4 Wochen empfehlenswert. Dabei sollte ein Viertel bis ein Drittel des Aquariumwassers ausgetauscht werden. Dies bekommt den Welsen recht gut, denn sie lieben klares, sauerstoffreiches und bakterienarmes Wasser. Dabei muß klares Wasser nicht unbedingt immer bekömmliches Wasser sein.

Eine Gesamthärte von 10° dGH und ein neutraler pH-Wert (7) kommen den Ansprüchen der Welse sehr entgegen. Es wird aber auch härteres Wasser von etwa 30° dGH recht gut vertragen. Nur der pH-Wert sollte nicht weit unter 6,5 oder über 8 liegen. Die Werte des Leitungswassers entsprechen in den meisten Gegenden dieser Forderung.

Welse lieben also klares, sauerstoffreiches und bakterienarmes Wasser!

Krankheiten

Wenn die Welse auch sehr robust und widerstandsfähig sind, so werden sie doch nicht von Krankheiten verschont. Wie schon erwähnt, sind schlechte Wasserverhältnisse, unsachgemäße Fütterung und zu dichter Besatz oft die Hauptursachen für die Minderung ihrer Widerstandskraft. Die oftmals langsame Verschlechterung des Aquariumwassers kann die Fische unmerklich schwächen und dadurch die Widerstandsfähigkeit gegen Parasiten erheblich herabsetzen. Auch können mit dem Lebendfutter Parasiten eingeschleppt werden. Daher ist es günstig, frischgefangenes Lebendfutter eine gewisse Zeit in Leitungswasser stehenzulassen, ehe es verfüttert wird. Wir fügen dem Wasser mitunter einige Tropfen einer Mischung aus Trypaflavin und Methylenblau-B zur Desinfektion hinzu. Das im Handel angebotene Präparat Protocid erfüllt ebenfalls diesen Zweck. Zur Bekämpfung der oftmals mit dem Futter eingeschleppten Süßwasserpolypen (Hydren) und Schnecken wird auch Kochsalz verwandt. Dabei können Fische und Pflanzen meist im Aquarium belassen werden; aber die Welse sollte man zur Sicherheit vorher herausnehmen, da sie dem Salz gegenüber empfindlich sind.

Quarantäne

In fast jedem Zierfischbuch wird angegeben, daß neuerworbene Fische erst 2 bis 3 Wochen in Quarantäne zu halten seien, um die bereits vorhandenen Fische vor einem möglichen Befall durch Parasiten und Krankheiten zu schützen. Bei den Welsen haben wir aber die Erfahrung gemacht, daß es günstiger ist, neuerworbene Welse gleich in gut »eingefahrene« Becken mit hineinzugeben. Wir achten lediglich darauf, daß die Temperatur des Transportwassers mit der des zukünftigen Aquariums übereinstimmt. Sollte dies nicht sofort der Fall sein, ist ein langsames Angleichen nötig. Stark beschädigte Tiere werden vor dem Einsetzen, wie auf den Seiten 31 und 34 angegeben, prophylaktisch mit Medikamenten behandelt.

Krankheitssymptome

Es wurde festgestellt, daß Panzerwelse kaum von Ichthyophirius befallen werden. Wir hatten bisher noch keinen derartigen Krankheitsfall, und wo solche Fälle auftraten, haben die Panzerwelse diese Krankheit recht gut überstanden. Viel schlimmer, und von Panzerwelszüchtern gefürchtet, sind der Sporozoenbefall und die Fischtuberkulose. Wir erkennen sie oftmals erst, wenn es schon zu spät und eine Heilung kaum möglich ist. Befallene Fische oder Fischbestände müssen dann vernichtet werden. Ein solcher Sporozoenbefall wird besonders bei geringem Ausmaß äußerlich kaum bemerkt.

Anders ist es bei Tuberkuloseerkrankungen. Hier sind nach Amlacher unter anderem folgende äußere Anzeichen feststellbar:
1. Abmagerung durch innere »Auszehrung«, so daß die Fische hohlbäuchig aussehen,
2. Freßunlust,
3. auffällige Farbveränderungen, oftmals Verblassen, aber auch eine unnatürliche Dunkelfärbung bis fast schwarz,

Erkrankter *Corydoras caudimaculatus*

4. bei Panzerwelsen wie Feilen aufgestellt wirkende Knochenplatten, offene Geschwüre und Flossenzerstörungen,
5. Exophthalmus (Hervortreten des Augapfels) und Herausfallen der Augen,
6. Verkrüppelung der Kiefer und der Wirbelsäule,
7. Apathie und Schwimmstörungen,
8. Zerstörung der Kiefer,
9. Ascistenbildung (Bauchwassersucht) und Bildung kollateraler Ödeme, d.h. auf derselben Seite des Körpers befindliche Schwellungen durch wäßrige Ansammlungen.

Die meisten dieser Krankheitssymptome werden im Gesellschaftsaquarium kaum in Erscheinung treten. Sollten jedoch Tiere mit den genannten Symptomen bemerkt werden, ist es im Interesse der anderen Fische angezeigt, die befallenen Exemplare sofort zu entfernen. Treten mehrere Fälle auf, sollte ein Fachmann zu Rate gezogen werden.

Prophylaxe

Zu nennen wären auch noch Krankheiten, auf die jeder durch vorbeugende Maßnahmen Einfluß nehmen kann, z. B. die Gasblasenkrankheit, die unter anderem durch zu reichliche Frischwasserzugaben in lange nicht gewechseltem Aquariumwasser hervorgerufen wird. Auch kann es zu Vergiftungen durch Aquarienzubehör, wie ungeeignete (besonders schwarze) Gummiteile oder zur Dekoration benutzte Steine mit Metalleinschlüssen, Kupferschieferplatten oder nicht ausgehärtetem und mit Salzsäure nachbehandelten Beton, kommen. Dazu gehören auch Stoffwechselstörungen und Magen- und Darmentzündungen sowie Mangelerscheinungen durch einseitige Fütterung (s. S. 25). Zur Vorbeugung hat sich hier die Zugabe von Vitaminen, besonders in den Wintermonaten, bewährt. Wir sprühen die Vitamine Ursovit und Vitamin-B-Komplex mit einem Haarlacksprüher auf das Trockenfutter auf. Natürlich ist es hier nicht möglich, auf alle Krankheiten ausführlich einzugehen; wer sich eingehender damit beschäftigen möchte, sollte sich in spezieller Literatur Rat holen (s. Literatur S. 103).

Fangmethoden und -geräte

Die oftmals phlegmatisch wirkenden Welse aus einem Aquarium herauszufangen, ist meist nicht einfach, denn wenn sie aufgeschreckt wurden, lassen sie sich wegen ihrer sehr schnellen und ruckartigen Richtungsänderungen schwer mit dem Kescher verfolgen. Wenn dieser feinmaschig ist, hemmt der entstehende Wasserdruck unsere Fangbewegungen und verlangsamt sie. Allerdings ist auch die Verletzungsgefahr geringer. Bei einem grobmaschigen Kescher verfangen sich die Welse oftmals in dem Gewebe, denn die ersten Dorsal- (Rücken-) und Pectoral- (Brust-)Flossenstrahlen der Welse sind sehr hart und wie ein Sägeblatt ein- oder zweiseitig gezahnt, und diese Strahlen werden bei Schreck- oder Gefahrensituationen fast rechtwinklig aufgestellt und starr im Gelenk verankert. Es bereitet dann große Mühe, sie wieder frei zu bekommen, wobei oft die Fangmaterialien oder die Flossen der Tiere stark beschädigt werden. Wir müssen beim Fangen viel Geduld aufbringen.

Wenn bei verfangenen Tieren alle anderen Versuche zur Befreiung keinen Erfolg haben, sollten sie mit dem Kescher in einen mit

Wasser gefüllten Behälter gehängt werden, so daß sie frei im Wasser schweben. Dann sind viele Welse in der Lage, sich selbst zu lösen. Gelingt es ihnen nicht, werden die Kescherteile mit einer kleinen scharfen Schere um die Flossen vorsichtig herausgeschnitten, damit keine weiteren Beschädigungen entstehen. Es schadet den Welsen nicht, wenn sie 2 bis 3 Minuten in der Hand gehalten werden. Die lädierten Flossen sollten dann mit einem Tropfen Protocid oder anderen Desinfektionsmitteln betupft werden. Von eventuell kleinen anhaftenden Resten des Stoffes wurden bisher keine nachteiligen Auswirkungen festgestellt. Sie fielen nach einiger Zeit von selbst ab. Wir versuchen, die herauszufangenden Fische mit ruhigen Kescherbewegungen nach der Vorderscheibe zu treiben, um sie dort mit dem Kescher schnell an die Scheibe zu drücken. Dann wird der Kescher an der Scheibe entlang hochgezogen. Günstig ist auch, mit zwei Keschern zu arbeiten, wobei einer als Stell- und der andere als Treibkescher benutzt wird. »Wertvolle« Panzerwelse nehmen wir mit der Hand aus dem noch im Wasser hängenden Kescher heraus. Dabei kann es passieren, daß man sich an den schon erwähnten ersten Flossenstrahlen »sticht«, was nicht selten recht schmerzhaft ist. Solche Stiche haben aber keine weiteren Folgen. Glasglocken oder Plastesiebe sind ebenfalls als Hilfsmittel zum gefahrlosen Herausfangen der Welse geeignet.

Verträglichkeit

Es sollen noch ein paar Bemerkungen über die Verträglichkeit der Welse mit anderen Fischen folgen. Wir schon aufgezeigt, sind die Welse friedliche und verträgliche Gesellen.

Da sie aber zu den bodenständigen Bewohnern des Aquariums gehören, die zur Ruhe auch geschützte Stellen brauchen, sollte man nicht zu viele andere Fische, die Bodenreviere beanspruchen, im Becken haben. Dies gilt besonders für eine Reihe von Cichlidenarten, die den Boden bevorzugen. Das heißt aber nicht, daß man auf diese Spezies gänzlich verzichten soll, zumal jede dieser revierbildenden Arten meist nur ein engbegrenztes Territorium verlangt. Häufig wird es lediglich gegen Artgenossen verteidigt, während Fremdlinge großzügig geduldet werden. Wenn das Becken geräumig genug und nicht mit Fischen übersetzt ist, pegelt sich erfahrungsgemäß alles von selbst ein. Sogar in nur mit Cichliden und Panzerwelsen besetzten Becken gediehen die Panzerwelse recht gut.

Es sind jedoch auch Fälle bekannt geworden, wo Barben- und Schmerlenartige, besonders aus der Gattung *Botia*, die Welse laufend belästigt haben. Dies betraf hauptsächlich solche Arten, die ein auffallendes Zeichnungsmuster, insbesondere in Punktform, aufwiesen, z. B. *Corydoras julli*-Ähnliche. Ausgefranste Rückenflossen waren nicht selten die Folge derartiger Attacken. Die Fische boten natürlich im Augenblick keinen schönen Anblick, andere, krankhafte Folgen blieben jedoch zum Glück aus. Die Ursachen für dieses Verhalten dürfte in unangebrachtem Futter- und ungenügendem Raumangebot zu suchen sein. Wesentlich für die Besetzung der Gesellschaftsbecken mit Welsen sind einmal die Ausmaße der Becken, aber zum anderen auch die Größe der Welse.

Größe und Alter

Alle *Corydoras*-Arten werden in der Regel nicht länger als 9 cm. Das Standardmaß der meisten Arten beträgt 5 bis 7 cm, wobei *C. pygmaeus*, der Zwergpanzerwels, mit nur 3 bis 4 cm die kleinste bei uns bekannte Art ist. Sie ähnelt in Verhalten und Aussehen mehr einer Barbe als einem Wels. Um Freude an diesen überwiegend frei schwimmenden Fischen zu haben, sollte man nach Möglichkeit nicht weniger als 15 Tiere halten. Aber wir müssen aufpassen: Wegen ihrer geringen Größe können sie durchaus auch ein ansprechendes Futter für bestimmte Cichliden und andere größere Fischarten sein. Alle anderen *Corydoras*-Arten passen als Gruppe in jedes Aquarium mit mindestens 200 cm² Grundfläche (z. B. Länge $\times$ Breite = 50 cm $\times$ 40 cm). Bei kleineren Grundflächen wird man sich mit nur wenigen Einzelexemplaren begnügen müssen. Anders ist es mit den größer werdenden Arten, beispielsweise *Hoplosternum thoracatum* sowie *Dianema longibarbis*. Als Jungtiere sehen *H. thoracatum* äußerst reizvoll aus. Sie sind auch sehr lebhaft und inspirieren schon aus diesem Grunde viele Aquarienbesitzer zum Erwerb.

Die wenigsten bedenken aber, daß diese Arten bis zu 18 cm lang werden können, wenn sie entsprechend geräumige Becken bewohnen und das Futterangebot ausreichend und geeignet ist. Weiße Mückenlarven, Enchyträen und Tubifex gehören zu ihrer Lieblingsnahrung. In ihrem natürlichen Lebensbereich erreichen sie die genannte Größe in einem Jahr. So können schließlich nur 1 bis 3 Fische dieser Art im Becken belassen werden. *Dianema longibarbis* wird nicht so groß und wirkt insgesamt zierlich und optisch kleiner. Alles, was über *H. thoracatum* mitgeteilt wurde, trifft auch für *Dianema* zu. Nur ist sein Verhalten für das Schauaquarium auffälliger und noch interessanter. Zum Beispiel legt sich diese Art mit Vorliebe als Brücke zwischen die Pflanzen, Wurzeln und andere Dekorationsstücke. Ihre Schwimmweise ist eleganter, und sie bevorzugt mehr die freien Wasserzonen. Beachtet werden muß aber, daß diese Art ein ausgesprochener Schwarmfisch ist. Erst im Schwarm von 5 und mehr Tieren kommen seine Eigenschaften bei guter Pflege voll zur Geltung. Wir sollten also je nach Größe des Aquariums die entsprechenden Welsarten auswählen!

Im Handel sind leider nicht immer solche Arten im Angebot, die für das jeweilige Aquarium, den eigenen Geschmack oder Wunsch zutreffend wären. Davon sollte man sich jedoch nicht entmutigen oder abschrecken lassen, und es sollten auch keine unüberlegten Ersatzkäufe getätigt werden.

In der Regel werden Welse verhältnismäßig alt, 10 bis 15 Jahre sind bei den meisten Arten noch nicht das Höchstalter. Angeboten werden die Welse zumeist in einem Alter von 3 Monaten ab. Selten sind sie älter als ein Jahr, so daß man überlegt nach der geeigneten Art suchen kann. Wenn keine Möglichkeit besteht, die Fische über den Fachhandel zu beziehen, kann man sich einer Fachgruppe der Aquarianer anschließen oder sich von einer solchen Gruppe Rat und Hilfe holen. Denn häufig gehören Mitglieder der Fachgruppe der Zentralen Arbeitsgemeinschaft (ZAG) Barben, Salmler und Welse oder dem VDA-Arbeitskreis Barben-Salmler-Schmerlen-Welse an und können dann möglicherweise weiterhelfen. Außerdem gibt es dort Aquarianer, die eventuell die eine oder andere Art erfolgreich nachziehen. Solche Nachzuchten tauchen aber wegen der geringen Stückzahl oft nicht in den Fachgeschäften auf.

Das Welsbecken

Der Typ des Welsbeckens wird hauptsächlich für Welsliebhaber oder Aquarianer in Frage kommen, die sich besonders mit Verhaltensstudium und Nachzuchtversuchen beschäftigen wollen. In der Regel gilt auch hierfür das bereits Dargelegte. Beckengröße und -einrichtung richten sich nach der Auswahl der Gattung und deren Lebensansprüchen. Gilt das Interesse besonders den größeren Arten der Gattungen *Hoplosternum* und *Dianema*, so kommen die normalen Beckenhöhen von 30 bis 40 cm und mehr den Ansprüchen am nächsten. Notwendig ist ebenfalls eine gute Bepflanzung, unter anderem auch mit Wasserrosen- *(Nymphaea-)* und Wassermohn- *(Hydrocleis-)* Arten sowie anderen großblättrigen Schwimmpflanzen, die dem Wohlbefinden dieser relativ großen Fische entgegenkommen. Die Welse fühlen sich wohl und sind beweglicher, wenn bei starker Beleuchtung Oberflächenpflanzen wie die genannten Wasserrosen das Licht etwas abhalten. Doch benötigen oder bevorzugen Welse nicht immer ein Dämmerlicht. Eine ganze Reihe von ihnen wird man oft in vollem Licht sehen. Sie erwecken dabei den Eindruck, als ob sie sich »sonnten«. Deshalb sollte man im Schwimmpflanzenbereich für die Welse immer freie Stellen belassen. Von erstrangiger Bedeutung ist die Größe der Bodenfläche, während die Höhe der Aquarien eine untergeordnete Rolle spielt. Eine Höhe von 20 bis 30 cm genügt vollständig für die *Corydoras*-Arten und *Brochis splendens.* Wichtiger sind dagegen die Beckengestaltung und Besetzung mit Fischen.

Bei der Abdeckung des Aquariums sollte ein Abstand von 5 cm zwischen der Wasseroberfläche und der Abdeckscheibe gelassen werden. Einerseits ist dieser Zwischenraum für das Luftholen und andererseits auch für die Sprungversuche einiger Arten wichtig. Können doch die Spalten für die Luft-, Wasser- und Heizungszufuhr schon für eventuelle »Fluchtversuche« ausreichen. Häufig steht man rätselratend vor dem Becken und überlegt, wie die Welse aus dem Becken hinausgelangen konnten. Panzerwelse springen meistens nur in Schrecksituationen, z. B. durch Erschütterungen, durch das Klopfen an das Becken (oft durch kleine Kinder), aber auch bei intensivem und lebhaftem Liebesspiel. Einige Arten versuchen auch bei ungünstigen Wasserverhältnissen diesem Milieu zu entrinnen. Dies betrifft weniger *C. paleatus, C. aeneus* und *C. eques,* aber oft *C. reticulatus, C. zygatus* und *Brochis splendens.*

Die Einrichtung des Beckens bleibt dem eigenen Geschmack oder der Zielstellung überlassen. Wir arbeiten mit zwei Gestaltungsvarianten. So können die Aquarien nur mit Pflanzenschalen bestückt sein. Solche Becken werden zugleich auch als Laichbecken benutzt. Deshalb wird erst im nächsten Kapitel auf die Vor- und Nachteile dieser Einrichtung eingegangen. Bei der anderen Variante statten wir das Becken mit einem normalen Kies-Pflanzenteil und einem bodenfreien Teil aus. Der freie Platz sollte im Höchstfall nur mit wenigen losen Stöcken des Schwarzwurzelfarns *(Micorsorium pteropus)* dekoriert sein. Da bei ungenügender und unregelmäßiger Pflege des Beckens eine Verschmutzung des Bodens auftreten kann, muß mit Einzellern gerechnet werden, die die Bauchpartie der bodenständigen Tiere angreifen. Deshalb war es bis vor wenigen Jahren notwendig, auch diesen Teil mit einer dünnen, nicht geschlossenen Schicht von 2 mm starkem Kies zu bedekken. Heute ist dies durch die Arten der Welsgattung *Ancistrus* – die Putzer vom Dienst – nicht mehr nötig. Erstaunlich hierbei ist, daß sich die Welse nicht nur im hinteren bepflanzten Teil aufhalten, sondern mit Vorliebe im vorderen Bereich anzutreffen sind. Deshalb ist es günstig, das Aquarium so aufzustellen, daß beide Beckenzonen wegen der besseren Beobachtungsmöglichkeiten von vorn zu betrachten sind. Hinzu kommt, daß die Beckeneinteilung nicht nur nützliche Verhaltensstudien erlaubt, sondern auch die Fütterung erleichtert. Gefüttert wird über dem oder im kiesfreien Teil.

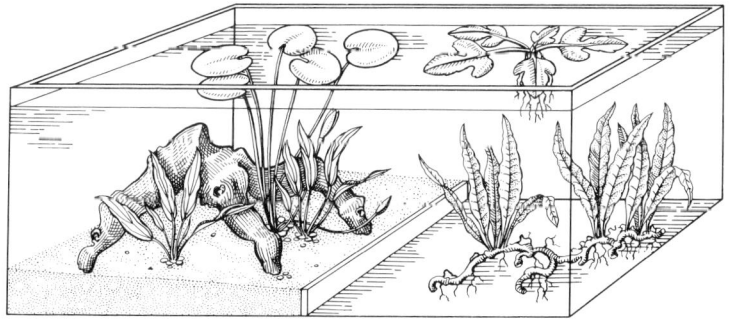

Zweiteilige Beckeneinrichtung

Wenn verschiedene Gruppen von Panzerwelsarten in einem Welsbecken vergesellschaftet sind, wird man oft eine gewisse Revierbildung beobachten können. Wie auf Absprache, also ohne Kampf, beziehen die einzelnen Arten bestimmte Bereiche. Dabei haben pflanzenfreie Ecken oder lichte Pflanzenstellen den Vorzug. Diese Bereiche werden saubergehalten und nach gemeinsamen Aktionen aller Beckeninsassen während der Ruhephase immer wieder aufgesucht. Dabei scheint kein Platzwechsel der einzelnen Arten vorzukommen. Wenn mitunter nur Einzelexemplare darunter sind, dann sieht man sie meist allein, abgesondert von den anderen Gruppen. Sollte aber die Größe und Zeichnung einer anderen Art ähnlich sein, dann schließen sich die Einzeltiere gern dem artähnlichen Schwarm an. Hier besteht wohl noch ein weites Betätigungsfeld für Beobachtungs- und Verhaltensstudien.

Die Zucht von Panzerwelsen

Viele Liebhaber von Welsen geben sich mit der bloßen Wartung ihrer Pfleglinge nicht mehr zufrieden. Veranlassung dazu können die zufällige Beobachtung eines Ablaichvorganges oder die unerwartete Entdeckung von Eiern an den Scheiben bzw. den Blättern der Pflanzen sein. Anstöße zum Zuchtversuch gibt oftmals auch der Erfahrungsaustausch in den Fachgruppen oder die Unterhaltung mit Bekannten über die Verhaltensweisen ihrer Lieblinge. Es erwacht die natürliche Neugier, zu ergründen, in welchem Milieu sich die Welse am wohlsten fühlen, wie sie sich vermehren und wie alt sie werden. So sucht man Hinweise in der Literatur über Möglichkeiten zur Meisterung der Nachzuchtprobleme bei Welsen. Sie können in vielen Büchern auch gefunden werden.

In der Regel findet man Hinweise über das Ablaichen von *Corydoras paleatus*, wobei der Ablaichvorgang kurz beschrieben und angegeben wird, daß er bei allen anderen Arten »ähnlich wie in der Familienbeschreibung« sei. Anders kann auch bei einem das ganze Zierfischspektrum umfassenden Werk nicht verfahren werden. Aber *C. paleatus* und *C. aeneus* laichen, wie schon bemerkt, bei guter

Pflege auch im Gesellschaftsbecken ab. Oftmals wird dies gar nicht bemerkt, weil die anderen Beckeninsassen die Eier als zusätzliche Leckerbissen betrachten und schnell verzehren. Hinzu kommt, daß die *Corydoras*-Arten und *Brochis splendens* keine Brutpflege betreiben. *Hoplosternum thoracatum* und *Dianema longibarbis* aber betreuen den Laich wohl bis zum Schlupf; jedoch reicht die Intensität nicht aus, um zu verhindern, daß die Embryonen spätestens dann den anderen Beckenbewohnern zum Opfer fallen. Außerdem stellen auch die Elterntiere und ihre Artgenossen den Jungfischen bis etwa zum 7. Lebenstag selbst nach. Ob andere *Corydoras*-Arten, außer den schon erwähnten *C. paleatus* und *C. aeneus*, auch in Gesellschaftsbecken ablaichen, ist den Autoren nicht bekannt. Aber es ist durchaus möglich, wenn durch die Haltung eines Schwarmes einer Art die Voraussetzung gegeben ist.

Wir wollen hier allen Aquarianern, die sich mit der gezielten Zucht von Welsen beschäftigen, Hinweise und Anregungen zum Lösen der Probleme geben, wobei zu beachten ist, daß die Ausgangssituationen fast überall anders sind. Doch unsere Hinweise können Aufforderung zum Handeln sein und eventuell Rückschläge oder gar Verlust des Zuchtmaterials verhindern helfen.

Zwei wichtige Hinweise sollten grundsätzlich beachtet werden. Erstens: Man braucht zur Nachzucht von Welsen, besonders der seltenen Arten, viel Geduld und Ausdauer! Zweitens: Es sollte nur mit einer oder wenigen Welsarten zielgerichtet gearbeitet werden.

Größe der Zuchtbecken

Die Größe der Zuchtbecken spielt nach den bisherigen Erfahrungen beim überwiegenden Teil der Panzerwelsarten keine Rolle. Sie laichen in Becken mit 30 l Wasser (40 cm × 30 cm und 25 cm Wasserstand) genausogut wie in einem mit 120 l (80 cm × 60 cm und 25 cm Wasserstand). Je größer das Wasservolumen, desto kleiner ist die Gefahr unliebsamer Einflüsse, die durch Temperaturschwankungen, Verschmutzungen usw. entstehen können. Dies gilt auch dann, wenn die immer wieder in der Aquarienliteratur oder von Freunden gegebenen Ratschläge strikt beachtet werden. So unter anderem Zugaben von Jod, Wasserstoffperoxid, Zoropur, Torfextrakt und Tannin (aus Erlenzäpfchen) sowie von destilliertem Wasser.

Zu beachten ist auf alle Fälle die Vitalität der einzelnen Welsarten. Sehr lebhafte und schnelle Schwimmer benötigen entsprechend große Aquarien. So sollte z. B. für *Brochis splendens* ein 120-Liter-Becken verwendet werden.

Größere Aquarien sind auch für *Hoplosternum thoracatum* und *Dianema longibarbis* nötig. Die Autoren benutzen für die letztere Art eine Beckengröße mit 90 l Wasserinhalt (80 cm × 45 cm, 25 cm Wasserstand). *Hoplosternum thoracatum* kommt mit 50 l Wasserinhalt (50 cm × 50 cm, 20 cm Wasserstand) aus. Dabei wurde ein großes Aquarium für zwei Zuchtansätze geteilt.

Auf jeden Fall muß verhindert werden, daß sich die *Corydoras*-Arten in zu kleinen Becken die Maulpartie verletzen. Sonst bildet sich an der verletzten Stelle schnell ein weißer Belag, der durch verschiedene Pilze hervorgerufen wird und wohl bei guten Umweltbedingungen und Betupfen mit Protocid auch wieder abheilt, bei älteren Tieren nach leichten Verletzungen oder schlechter werdenden Umweltbedingungen aber meist wieder ausbricht und damit die Laichwilligkeit oder -bereitschaft, besonders der Weibchen, in Frage stellt (s. S. 57).

Aquarieneinrichtung

Zur Nachzucht benutzen wir Becken ohne Bodengrund. Gut bewährt haben sich Keramikschalen, wie sie als Trink- und Futtergefäße für Kaninchen und Geflügel benutzt werden. Sie sind flacher als Blumentöpfe. Außerdem haben sie eine größere Oberfläche zum Bepflanzen. Auf Weichplastbehälter sollte, wenn irgend möglich, verzichtet werden, da deren Einfluß auf die Wasserbeschaffenheit nicht bekannt ist. Weil sich die Schalen leicht herausnehmen lassen, ist das gelegentliche Umpflanzen relativ schnell erledigt.

Als Pflanzen haben sich bei uns für die *Corydoras*-Arten und *Brochis splendens Cryptocoryne*-Arten, z. B. *C. affinis, C. aponogetifolia* und *C. retrospiralis* sowie verschiedene *Sagittaria*- und *Vallisneria*-Arten, außerdem *Microsorium pteropus* (Stufenfarn), bewährt. *Nymphoides aquatica* und *Hydrocleis nymphoides* sind für *Dianema longibarbis* besonders gut geeignet.

Die Pflanzen müssen dem ständigen Wasser-, Temperatur- und Lichtwechsel während der Zuchtperiode standhalten. Da die Wasserwerte nicht überall gleich sind, sollte man die beste Bepflanzungsvariante selbst ermitteln. Pflanzen sind wichtig, weil eine ganze Reihe von Panzerwelsarten ungern an den Scheiben ablaicht. Dazu gehören z. B. *Corydoras elegans, C. napoeusis, C. metae, C. rabauti* und *C. nattereri.* Die *C. julii-*Ähnlichen und *C. bondi* laichen gleichermaßen willig an Pflanzen und Scheiben ab. Dagegen laicht *Hoplosternum thoracatum* als Schaumnestbauer nur an Blättern von Seerosen oder Plastdeckeln. Bei vielen Züchtern hat sich auch das Anbringen einer Glasscheibe im Becken bewährt. Wichtig ist dabei, daß die Wasseroberfläche mit der gesamten Scheibe Kontakt hat.

Dianema longibarbis laicht nach unseren Erfahrungen am liebsten an Blättern von Seerosen und an kleinen, etwa 15 cm × 8 cm großen, grün-, eventuell auch hellgrau- oder hellblaufarbigen Deckeln (Hartplast) von Behältern, die zur Aufbewahrung von Lebensmitteln dienten. Wir vermuten, daß ihnen andere Farben nicht allzusehr zusagen.

Aquarien ohne Bodengrund haben eine positive und eine negative Seite. Positiv ist, daß das Becken schnell gereinigt werden kann und sich anfallende Exkremente problemlos beim Wasserwechsel absaugen lassen. Giftige Gase, die sich im Bodengrund bilden könnten, entfallen. Es sei hier nur an die schwarzen Kiesschichten und Pflanzenwurzeln erinnert. Man kann die Beckengestaltung auch schnell durch Verstellen, Herausnehmen oder Ergänzen von Pflanzenschalen verändern, was eventuell von Bedeutung ist. Bis jetzt wurde uns nichts von einer »Laichwanderung« der Panzerwelse bekannt, aber sie ist für einige Arten denkbar. Sie können während der Regenzeit durchaus Gräben, Seen und Tümpel verlas-

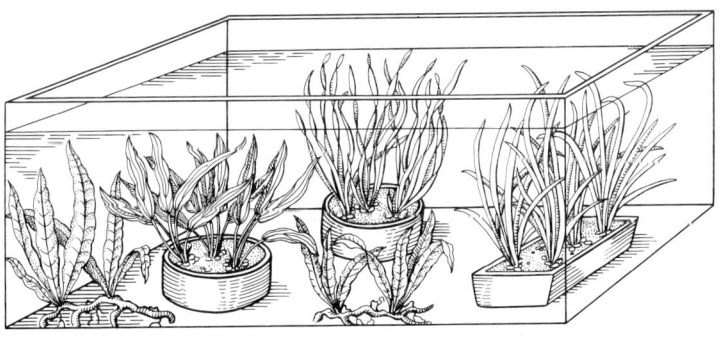

Zuchtbecken mit Pflanzschalen. Die Beckenhöhe beträgt etwa 30 cm.

Zuchtbecken mit Pflanzenschalen

Corydoras aeneus. Färbung bei normaler Hälterung

Corydoras aeneus. Dieselben Tiere nach etwa 4 Wochen Hälterung in mit Pinselalgen überwuchertem Becken

sen, um im flachen Überschwemmungsbereich abzulaichen. Dabei können sie sicher auch weite Strecken zurücklegen.

Wenn im Zuchtaquarium abgelaicht wird, nehmen wir die Pflanzenschalen einfach heraus, sammeln die Eier ab und stellen die Schalen wieder zurück. Heruntergefallene Eier lassen sich schnell finden und können leicht mit einem Glasröhrchen abgesaugt werden. Negativ ist, daß die Aquarien dann natürlich reine Arbeitsbecken sind, die regelmäßig gesäubert werden müssen. Geschieht dies nicht, bildet sich auf dem Boden eine Schleimschicht aus Pilzen. Diese greifen die unteren Körperpartien, die Bauch- und Afterflossen der Welse an, und es kann besonders bei älteren Tieren zu einer unheilbaren Schädigung, ja sogar zum Verlust der jeweiligen

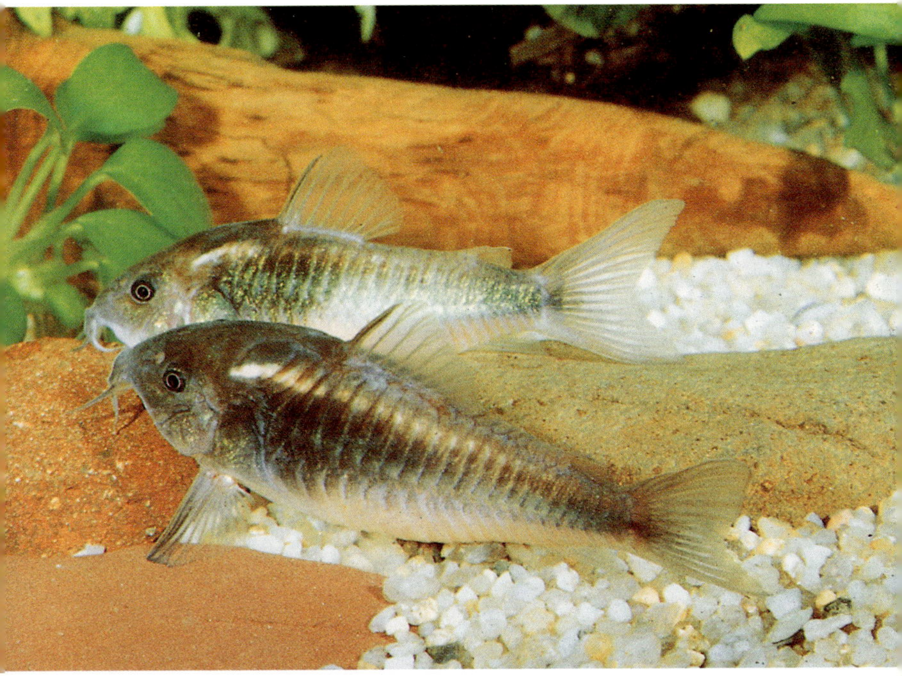

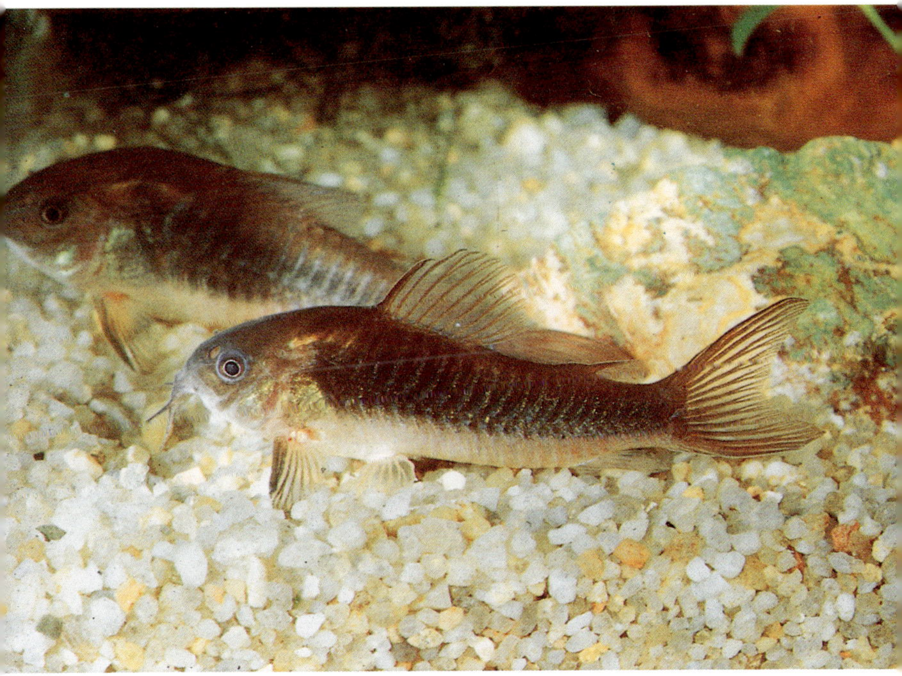

Flossen kommen. Da aber die weiblichen Panzerwelse die Bauchflossen zum Laichen unbedingt benötigen, muß auf jeden Fall für
Sauberkeit des Bodens gesorgt werden. Auch Wurmfutter, das zum
Boden sinkt, wird schnell und stark von den Pilzen angefallen. Solche Würmer werden dann nicht mehr gern gefressen. Eine sehr
dünne, fast den ganzen Bodengrund bedeckende Schicht Kies
brachte hier Abhilfe.

Heute ist dieses Problem aber nicht mehr ganz so aktuell, denn
ein 3 bis 4 cm großes Jungtier einer *Ancistrus*-Art sorgt bereits für
Ordnung und Sauberkeit im Becken. Bisher haben wir auch noch
nicht festgestellt, daß sich *Ancistrus*-Jungtiere als Eierdiebe betätigen. Mit diesen »Putzern vom Dienst« kann auch einem Veralgen
der Zuchtbecken während der Stillegungsperiode (s. S. 48) vorge-
beugt werden.

Auswahl der Zuchttiere

Die Auswahl der Zuchttiere sollte man mit großer Gewissenhaftig-
keit vornehmen. Dies gilt auch für die Arten, die bei uns schon do-
mestiziert sind. Bei *Corydoras aeneus*, dem Goldstreifenwels, muß
außer auf die üblichen guten Körper- und Flossenformen auch auf
das durchgehende goldgelb leuchtende, dünne Band entlang am
oberen Rücken vom Kopf bis fast zur Schwanzwurzel geachtet werden. Dabei nimmt die Intensität der Leuchtkraft am hinteren Teil
ab und kommt bei bestimmten Hälterungsbedingungen nicht richtig zum Vorschein. Dies müssen wir wissen, weil schon Kreuzungen zwischen *C. aeneus* und *C. eques* sowie *C. zygatus* verbreitet sind.

Beim Erwerb von Jungtieren muß darauf geachtet werden, daß
sie eine gute Körperform, Körperzeichnung und Flossenbildung
aufweisen. Da bei einer Größe von 3 bis 4 cm nur bei ganz wenigen
Arten (z. B. *C. pygmaeus, C. metae*) schon weibliche und männliche
Tiere zu unterscheiden sind, bilden 10 bis 20 Tiere die beste Voraussetzung für eine spätere Auslese der Zuchttiere.

Zuchtgruppe

Als Zuchtgruppe hat sich der Ansatz einjähriger Weibchen mit älteren Männchen am besten bewährt. Ältere weibliche Tiere, die

noch nicht oder vor Jahren abgelaicht haben, werden nämlich immer unwilliger und anspruchsvoller. Stimulierungsmethoden, die bei ein- bis zweijährigen Weibchen noch zum Erfolg führen, haben bei den älteren Weibchen meist ein Abbrechen der Laichbereitschaft zur Folge. Oftmals sind es dann Zufallstreffer, die wieder weiteren Erfolg versprechen. Dabei konnten die Autoren eine interessante Feststellung machen. Ältere Weibchen laichten unerwartet ein- bis dreimal mit großer Eierzahl und verendeten danach plötzlich aus unerklärlichen Gründen.

In der Regel werden 3 Männchen und 1 Weibchen oder 4 Männchen und 2 Weibchen ausgewählt. Dieses Ansatzverhältnis bringt nach den bisherigen Erfahrungen am ehesten den Erfolg. Natürlich kann man auch 1 zu 1 ansetzen. Nur wird dann meist die Ausdauer und die Geduld des Züchters auf eine harte Probe gestellt. Eine Zeit bis zu 3 Jahren muß eingeplant werden, ehe es vielleicht klappt. Weiß man doch nicht, ob diese beiden Tiere miteinander harmonieren und sich langsam aneinander gewöhnen. Die größten Aussichten auf Erfolg ergeben sich immer wieder, wenn man miteinander »ziehende« Pärchen aus einem Schwarm herausfangen oder allein im Aquarium belassen kann. Bei einem Schwarmansatz von 8 und mehr Panzerwelsen sollte auf ein ausgewogenes Verhältnis zwischen Männchen und Weibchen (2 zu 1) geachtet werden. Eine Ausnahme bildet u. a. *C. barbatus*. Bei dieser Art sollte ein Überhang an Weibchen vorhanden sein, in kleineren Zuchtaquarien jeweils nur 1 oder höchstens 2 Männchen. Die Männchen verletzen sich sonst oft bei den Rivalitätskämpfen durch die sehr langen und harten Brustflossenstrahlen in der Bauchpartie, was meist zum Tode führt.

Das Verhältnis von Männchen und Weibchen beim Zusammenstellen der Zuchtgruppen von *Hoplosternum thoracatum* und *Dianema longibarbis* ist anders als bei den *Corydoras*-Arten und *Brochis splendens*. Bei *H. thoracatum* sind je 1 männliches und 1 weibliches, höchstens 2 weibliche Tiere im Ansatz am günstigsten. Es sollten aber noch zusätzliche Männchen vorhanden sein, um die männlichen Tiere austauschen zu können, wenn das angesetzte Paar trotz guter Pflege nicht harmoniert und nicht ablaicht.

Bei *D. longibarbis* ist eine Auswahl von 2 männlichen und 4 weiblichen Tieren vorteilhaft. Nach den Erfahrungen laicht ein Männchen oft mit 2 und mehr Weibchen nacheinander ab. Wichtig war jedoch immer ein Gruppenansatz mit vielen Weibchen.

Stillegungsperiode

Um der Verfettung durch zu reichliche Fütterung oder Schädigung durch Unterernährung während der Sommerzeit bzw. der Laichpause vorzubeugen, muß für die Zuchttiere ein Futterplan aufgestellt werden. Recht günstig ist jedoch in dieser Zeit die Vergesellschaftung mit anderen Fischen. Dadurch kommt es zu einem vollständigen Wechsel des Milieus, denn im Gesellschaftsbecken ist die Beleuchtung intensiver und länger. Auch ist durch die dichtere Bepflanzung und den nur zeitweiligen und teilweisen Wasserwechsel das Wasser organisch und chemisch stärker belastet. Hinzu kommt, daß die Welse nicht so intensiv gefüttert werden. Sie müssen sich ihr Futter oftmals erjagen. Wenn die jeweilige Zuchtgruppe mit anderen Welsen vergesellschaftet wird, sollte man sie auf keinen Fall mit Vertretern der gleichen Art zusammenbringen, damit sie zur neuen Laichperiode wieder in der bewährten Zusammensetzung zur Verfügung stehen.

Kreuzungen

Die Vergesellschaftung von Welsen, die eine ähnliche Körperform und -größe aufweisen, birgt immer die Gefahr von Kreuzungen in sich. Oftmals laichen die Tiere, nachdem sie artgerecht angesetzt waren, aber nicht abgelaicht haben, nach dem Zusammenbringen mit anderen, ihnen in Form und Größe nahekommenden Welsarten ab. Die Kreuzungsprodukte sehen oftmals recht attraktiv aus und wären deshalb für den Handel gut geeignet. Aber wenn sie nicht als Hybriden gekennzeichnet werden, sind die Bemühungen um eine erfolgreiche Nachzucht in der Regel vergeblich.

Bei einer Reihe von Fischfamilien werden durch gezielte Kreuzungen Versuche zur Erreichung immer besserer und schönerer Farben, Zeichnungen und Formen unternommen. Solche Zuchtformen sind auch begehrte Handelsobjekte. Doch welches Ziel könnten Kreuzungen bei den Welsen verfolgen? Eine große Farbenpalette steht nicht zu Verfügung. Die Hauptfarben sind graue, gelbliche, reh- bis rötlichbraune, metallisch glänzende und grünlich irisierende Töne. Die Züchtung größerer Flossen, besonders bei den Ausmaßen der Rückenflossen, könnten unter anderem als Zielsetzung gelten. Nicht alle in den Aquarien schwimmenden *Co-*

rydoras-Arten sind eindeutig vom Habitus her zu unterscheiden. Viele Arten weisen einander ähnliche Zeichnungen, Farben und Größen auf. Wenn sie auch jetzt nach der umfangreichen und tiefgründigen Revision von Nijssen und Isbrücker recht gut geordnet sind, läßt sich eine größere Anzahl von ihnen trotz allem – wie schon gesagt – recht schwer auseinanderhalten. Die vorliegenden Beschreibungen wurden zumeist an konservierten Tieren vorgenommen. Das Konservierungsmaterial läßt aber kaum Zeichnungen und Farben erkennen. So bestimmen die Wissenschaftler die Arten hauptsächlich nach taxonomischen Merkmalen und Herkunftsgebieten. Wie ist es aber bei den Liebhabern und Züchtern? Würden dann noch zu den oft unter falschen Namen im Handel angebotenen Panzerwelsarten nichtausgewiesene Hybriden in Umlauf kommen. Der schon vorhandene Wirrwarr würde noch vergrößert, und die Bemühungen um Nachzuchten zur Arterhaltung vieler Aquarianer wären von vornherein zum Scheitern verurteilt.

So haben z. B. in der Vergesellschaftung von *C. melanistius* und *C. bondi coppenamensis* aus Platzmangel diese beiden Arten bei uns miteinander abgelaicht. Die Hybriden sahen recht hübsch aus. Aber sie waren nicht zur Fortpflanzung zu bewegen. Bei allen vom äußeren Erscheinungsbild her als weibliche Tiere anzusprechenden Individuen konnten wir auch mit einer Lupe (16fache Vergrößerung) keinen Eierstock erkennen. Anders war das Ergebnis bei der Kreuzung von *C. aeneus* und *C. zygatus*. Hier führten die weiteren Nachzuchtversuche mit Erfolg bis zur 4. Generation (F 4). Aus Platz- und Zeitgründen mußten aber weitere Versuche unterbleiben.

Wir möchten deshalb noch einmal die Bitte aussprechen, keine Kreuzungsprodukte von Panzerwelsen ohne Bezeichnung als Hybrid in den Umlauf zu bringen.

Unterscheidung der Geschlechter

Bei den meisten *Corydoras*-Arten ist die Unterscheidung der Geschlechter im ausgewachsenen Zustand gut möglich. Die weiblichen Tiere werden etwa 1 cm größer und sind in der Körperform fülliger und plumper. Die Rückenflossen (Dorsalen) sind kleiner und oft abgerundet, die Brustflossen (Pectoralen) ebenfalls zierlicher. Die schlankeren männlichen Tiere erreichen nicht die Länge

Corydoras elegans-Sexualdimorphismus. Es gibt deutliche Unterschiede in Körperform, -zeichnung und Intensität der Färbung.

der Weibchen. Sie haben in der Regel höhere, spitz ausgezogene Rücken- und längere Brustflossen, wobei es durchaus vorkommen kann, daß sich ein als Männchen ausgewähltes Tier später, besonders bei guter Fütterung, plötzlich als Weibchen entpuppt. Sehr schwierig ist die Auswahl nach dem äußeren Aussehen. Beide Geschlechter weisen bei fast allen *Corydoras*-Arten die gleiche Zeichnung auf. Sie können aber auch so unterschiedlich gemustert sein, daß man zwei verschiedene Arten vermutet. Stehen mehrere Weibchen zur Auswahl für einen kleinen Ansatz oder zum Austausch zur Verfügung, so sollte ihre Aftergegend betrachtet werden. Bei vorhandener Laichwilligkeit erscheint sie kräftig durchblutet.

Bei *Hoplosternum thoracatum* ist das weibliche Tier etwas kleiner und hat kleinere abgerundete dunkle Brustflossen, während das längere männliche Tier auch größere Brustflossen besitzt. Hervorstechende Merkmale sind ein rötlichgefärbter dicker und langer

Corydoras caudimaculatus. Beide Geschlechter sind gleich, es bestehen nur Unterschiede in Körpergröße und -form.

Brustflossenstrahl und die einander berührenden Knochenplatten an der Bauchseite. Ein weiteres Unterscheidungsmerkmal wäre die Genitalpapille, die bis zu 1 cm Länge in der Aftergegend als weißlichgrauer dicker Faden zu erkennen ist.

Bei *Dianema longibarbis* sind die weiblichen Tiere größer und besonders zur Laichzeit in der Bauchregion viel dicker als die Männchen. Die männlichen Tiere bleiben etwa 2 bis 3 cm kleiner und wirken schlanker. Während der Laichzeit sind zeitweise die Brustflossen besonders am Ansatz leicht rötlich gefärbt.

Nachzuchtvorbereitungen

Wenn wir auch in den meisten Fällen kaum in der Lage sein werden, den einzelnen Welsarten das ihrer Herkunft entsprechende ökologische Milieu zu bieten, so sollten zur Nachzuchtvorbereitung doch soweit wie möglich die uns zur Verfügung stehenden Kenntnisse über das Fang- oder Verbreitungsgebiet angewandt werden (s. S. 20). Dies gilt besonders für die klimatischen Bedingungen wie das Tag-und-Nacht-Verhältnis, die Regen- und Trockenzeiten sowie die jeweils vorherrschenden Temperaturen und das Temperaturgefälle. Besonders Importfische oder deren erste Nachzuchtgenerationen halten bestimmte Laichzeiten streng ein. Sie liegen hauptsächlich zu Beginn der Regenzeit. Für fast alle Arten ist deshalb in den Monaten Oktober bis Dezember und Februar bis Mai der Zuchtversuch am erfolgversprechendsten.

Weniger Sorgen bei der Zucht bereiten die bei uns schon weitestgehend domestizierten Arten *Corydoras paleatus*, *C. aeneus*, *Hoplosternum thoracatum* und auch *Dianema longibarbis*, denn sie laichen fast zu jeder Jahreszeit. Bei allen anderen Arten gibt es, wenn der Zeitpunkt nicht eingehalten wird, mit Sicherheit Schwierigkeiten.

Die Autoren haben z. B. *Brochis splendens*, deren erste Laichzeit im Oktober und die zweite im Februar liegt, durch gezielte Maßnahmen »gezwungen«, im Mai abzulaichen. Das Resultat war niederschmetternd. Anstelle von gewöhnlich 800 Eiern pro Weibchen wurden nur etwa 300 Eier abgelaicht. Zur eigentlichen Laichzeit waren 95 % und mehr Eier entwicklungsfähig, jetzt nur etwa 60 %. Hinzu kam, daß es sonst eine fast 100%ige Schlupfrate gab, nunmehr nur eine etwa 75%ige. Auch beim Aufziehen der Jungtiere ergaben sich wesentliche Unterschiede. Wenn sonst von 800 Eiern 320 etwa 5 cm große Jungtiere am Leben blieben, waren es beim Laichen im Mai von 300 Eiern nur 50 Jungtiere. Am schlimmsten war aber, daß der ganze Schwarm in 2 Jahren nicht mehr ablaichte. Es sollten also Zuchttiere, die ihren zeitlichen Rhythmus gefunden haben, unbedingt darin belassen werden. So laichte bei uns z. B. eine *C. julii*-Gruppe fast regelmäßig im Mai (Ende April bis Juni), und dies 4 Jahre lang.

Ablaichrhythmus

Der Ablaichrhythmus der einzelnen Arten innerhalb einer Laichperiode ist recht unterschiedlich. Es scheint 3 Gruppen zu geben, die Einmal-, die Oftmals- und die Dauerlaicher. Ob die Panzerwelsarten in eine der 3 Gruppen starr eingeordnet werden können oder welche Faktoren für den Rhythmus ausschlaggebend sind, müssen erst weitere zielgerichtete Versuche und Untersuchungen ergeben.

Unter den Einmalablaichern verstehen wir Arten, die innerhalb einer Laichzeit (im Jahr oder Halbjahr) nur einmal ablaichen. Ihre Eizahlen sind dann mit 800 und mehr Eiern auch recht hoch. Eine größere Gruppe bilden die Oftmals- oder Rhythmusablaicher. Sie laichen innerhalb der Laichzeit in Abständen von 3 bis 12 Tagen über einen längeren Zeitraum mehrmals ab. Dabei werden 300 Eier pro Laichtag kaum überschritten. Die Gesamteizahl kann dadurch respektable Mengen erreichen. *Corydoras paleatus* produziert in der Regel 250 Eier pro Laichtag. Bei durchschnittlich 12 (21 sind bekannt) Laichtagen ergibt das etwa 3 000 Eier. *Hoplosternum thoracatum* bringt bis zu 800 Eier pro Laichtag, das sind bei ebenfalls durchschnittlich 12 Laichtagen (18 sind bekannt) rund 10 000 Eier. Voraussetzung ist eine sehr gute Pflege, besonders während der Laichzeit. Auf jeden Fall dürfen die Tiere nicht überfordert werden. Wenn ein starkes Nachlassen der Eiermenge bemerkt oder ein zunehmender Abstand zwischen den Laichtagen festgestellt wird, sollte eine Ruhepause von 2 bis 8 Wochen eingelegt werden (s. S. 48). Bei Dauerablaichern handelt es sich um solche Arten, die über einen längeren Zeitraum fast täglich eine geringe Anzahl von Eiern ablegen.

Anregung zur Laichwilligkeit

Zur Anregung der Laichwilligkeit gibt es die verschiedensten Methoden. Wesentlich sind immer wieder die Beständigkeit und das Durchhaltevermögen des Züchters, denn die wenigsten Welse beginnen sofort mit dem Ablaichen.

Wir hatten z. B. ein *C. julii*-ähnliches Paar in einem 50-l-Aquarium (45 cm × 45 cm, 25 cm Wasserstand) einmal allein, einmal vergesellschaftet, einmal gepflegt, einmal vergessen belassen. Nach etwa 3 Jahren begannen sie nach einer wieder einmal aufmerksamen Behandlung unvermittelt abzulaichen. Die Eier der ersten 2 Laichgänge waren alle unbefruchtet. Danach wurde es laufend besser, und zuletzt betrug die Ausbeute 90 %. Dieses Ergebnis hatten wir dann über mehrere Jahre.

Einige bewährte Verfahren zur Laichstimulierung sollen nachfolgend beschrieben werden:

1. Wasserwechsel: 4 bis 6 Tage lang (für Rhythmuslaicher) werden $\frac{1}{4}$ bis $\frac{1}{3}$ oder nur 1 bis 2 l Wasser täglich abgesaugt. Dabei entfernt man die angefallenen Exkremente. Dies ist besonders wichtig, wenn keine Filteranlage benutzt wird. Zur Auffüllung wird 2 bis 5 Grad wärmeres oder kälteres Wasser zugegeben, wobei nach unseren Erfahrungen die Zugabe kälteren Wassers besser ist. Danach wird in dem gleichen Zeitraum nicht gewechselt. Diesen Rhythmus setzt man ständig fort. Es kann auch so lange täglich Wasser gewechselt werden, bis die Tiere zu laichen beginnen. Bei Rhythmuslaichern wird anschließend nur einmal am gewünschten oder ermittelten Ablaichtag gewechselt.

2. Regenimitation: Mit einer Umwälzpumpe oder einer Durchlaufanlage kann zu bestimmten Zeiten täglich über mit Löchern versehenen Schalen Regen imitiert werden. Dies gilt besonders für Arten, die aus der unmittelbaren Umgebung des mittleren Amazonasgebietes (s. S. 17) stammen.

3. Temperaturschwankung: In 4- bis 6tägigem Rhythmus wird die Wassertemperatur des Zuchtbeckens um 2 bis 4 Grad wärmer oder kälter eingestellt, dabei ist das Absenken der Temperatur günstiger. Wahrscheinlich wirkt der höhere Sauerstoffgehalt des kühleren Wassers anregend. Gut ist, wenn Wasserwechsel und Temperaturschwankung kombiniert werden.

4. Lichtzugaben: Besonders bei den seltenen Arten sollte während der Nachzuchtversuche für einige Stunden am Tage zusätzlich je nach Beckengröße eine 25- bis 60-W-Glühlampe so über dem Zuchtbecken angebracht werden, daß etwa $\frac{1}{3}$ desselben ausgeleuchtet wird. Wahrscheinlich haben die warmen Strahlen einen besonderen Einfluß (Sonneneffekt?) auf das Wohlbefinden. Die dabei erfolgende Aufwärmung des Wassers kann gleichzeitig für die Temperaturerhöhung genutzt werden. Hinzu kommt, daß der dadurch entstehende Unterschied zwischen der Tages- und Nachttemperatur noch nützlich ist. Außerhalb der Nachzuchtversuche werden die Becken nur durch die Raumbeleuchtung oder durch Leuchtstoffröhren erhellt.

5. Lang- und Kurztag: In unseren Breiten und im südlichen Teil von Südamerika herrschen, entsprechend der Jahreszeit, der lange oder der kurze Tag vor. Beide weisen relativ ausgedehnte Dämmerungsübergänge auf. In der tropischen Zone sind die Unterschiede in den Tageslängen wenig ausgeprägt oder fehlen ganz (annähernde Tag- und Nachtgleiche). Auch ist der Übergang zwischen Tag und Nacht sehr kurz. Es gibt fast keine Dämmerung. Um den aus dem jeweiligen Gebiet stammenden Welsen gerecht zu werden, hat sich die Nachahmung des Tag-Nacht-Rhythmus über Schaltuhren bewährt.

6. *pH-Wertänderungen:* Wenn der pH-Wert des Leitungswassers wie in der Anlage der Autoren um 7,5 liegt, kann er auf 6,5 verringert werden. (Eine Erhöhung wurde von den Autoren noch nicht versucht.) Wichtig sind hierbei eine ständige Kontrolle und Beobachtung der Tiere. Auf jeden Fall muß die Pufferfähigkeit, d. h. die Karbonathärte des Wassers, beachtet werden. Wir benutzen zur Ansäuerung Salzsäure (HCl) und Zoropur. Mit Phosphorsäure (H_3PO_4) wurden keine guten Erfahrungen gesammelt. Für weiches Wasser dürfte eine Filterung über Torf wirkungsvoller und sicherer sein. Mitunter genügen zur Stimulierung (nicht zum Ansäuern) schon einige getrocknete samenfreie Erlenzäpfchen. Ein Zäpfchen ist für 5 l mittelhartes Wasser ausreichend.

7. *Härteänderungen:* Wenn die Gesamthärte des Leitungswassers weit höher als 10° ist (bei den Autoren der Fall), sollte besonders bei längeren Fehlversuchen das Zuchtwasser auf etwa 10° dGH gesenkt werden. Dies kann durch tägliche geringe Zugaben von destilliertem Wasser erreicht werden. Eine andere Möglichkeit ist das Mischen von Rohwasser und destilliertem Wasser (ohne Tiere). Dieses aufbereitete Zuchtwasser darf aber erst nach einigen Tagen verwendet werden. In diesem Zeitraum sollte für eine kräftige Durchlüftung gesorgt und der pH-Wert kontrolliert werden. Verwenden Sie aber kein destilliertes Wasser aus neuen Kupferanlagen! Auch bei neuen oder lange nicht benutzten Wofatit-Anlagen ist Vorsicht geboten. Bewährt haben sich hierfür auch die neuen Osmose-Geräte.

8. *Platzwechsel:* Wenn alle genannten Mittel versagen, sollte ein Standortwechsel versucht werden. Wir haben es schon des öfteren erlebt, daß Arten in einem Raum oder an einer Seite des Raumes nicht zum Laichen zu bewegen waren. Ein Raum- oder Seitenwechsel brachte aber oft positive Ergebnisse. Sehr häufig waren die Welse auch nach einem Wechsel des Besitzers zum Laichen zu bringen.

9. *Futter:* In der gesamten Vorbereitungszeit muß gutes, nicht zu eiweißreiches Lebendfutter gereicht werden. Einige Arten benöti-

gen besonders Daphnien, andere weiße Mückenlarven. Wer schon einmal einem *Corydoras paleatus*-Weibchen beim Verzehr von großen Daphnien zugesehen hat, wird über die enorme Menge der ruhig, aber ununterbrochen eingesaugten Futtertiere erstaunt gewesen sein. Das gleiche gilt für weiße Mückenlarven bei *Dianema* und *Hoplosternum*. Kleinere *Corydoras*-Arten, wie *C. julii*- und *C. melanistius*-Ähnliche, brauchen kleinere Daphnien und Zyklops. Wichtig ist, daß in dieser Zeit ein vielseitiges und ausreichendes Futterangebot besteht. Enchyträen und anderes eiweißreiches Futter sollte erst beim Ablaichen gegeben werden.

10. Aufzeichnungen: Über alle Maßnahmen und Ergebnisse sollten genaue Aufzeichnungen gemacht werden, um eventuelle Erfolge später wiederholen oder Mißerfolge auswerten zu können.

Zum Abschluß wollen wir noch darauf aufmerksam machen, daß jede Welsart anders reagiert und deshalb diese Hinweise nur Leitfäden und Anregungen zum Handeln sein können. Außerdem ist zu bedenken, daß sich die Laichstimulierung über einen Monat und noch länger hinziehen kann. Wegen der relativ langen Zeitdauer und der Intensität der angewandten Maßnahmen scheint es oft, daß man den Tieren zuviel zumutet. Doch das ist in der Zeitspanne der Laichperiode nicht der Fall. Jeder muß aber nach seinen Beobachtungen selbst ermitteln, was wie oft und wie lange angewendet werden kann.

Balzverhalten

Das Balzverhalten einiger Panzerwelsarten ist in der Anfangsphase unterschiedlich. Zum Beispiel wird bei den Arten *Corydoras elegans*, *C. napoensis* und *C. pygmaeus* eine Laichperiode durch die Männchen eingeleitet. Sie sind unruhig, schwimmen viel umher und stehen oft, mit abgespreizten Flossen rüttelnd, im freien Wasser. Besonders interessant sind die Scheinkämpfe in der Vorbereitungsphase oder auch während des Liebesspieles innerhalb des Laichganges. Es schwimmen 2 oder 3 zitternde und laufend ruckartig den Körper seitlich krümmende Tiere durch das Becken, die einmal nebeneinanderstehen, einmal langsam eine Strecke gemeinsam ziehen, um dann plötzlich zusammen wie Raketen durch das Becken zu schießen und wieder schlagartig stehenzubleiben. Die Weibchen sind anfangs meist passiv.

So können die Balzkämpfe der Männchen tage- und wochenlang andauern. Das Wetteifern miteinander wird immer wieder von Ruhepausen unterbrochen. In dieser Zeit liegen die Männchen revierbildend allein an bestimmten Plätzen, die auch Rivalen gegenüber energisch verteidigt werden. Sollte sich jedoch ein Weibchen durch Auf- und Abschwimmen an den Scheiben und durch Putzen von Blättern an den Vorbereitungen beteiligen, geraten die Männchen außer Rand und Band. Bei den Arten *C. aeneus, C. eques, C. paleatus* und *C. zygatus* wird z.B. die Paarung durch eine allgemeine Unruhe beider Geschlechter eingeleitet. »Umflattern« des Weibchens, Imponiergebaren, bei dem mit zitternd gebogenem Körper das Weibchen attackiert wird, oder Anschwimmen des Weibchens vom Schwanz bis zur Kopfregion mit anschließendem Kopfkraulen und dazwischen immer wieder untereinander ausgetragene Scheinkämpfe der Männchen sowie gemeinschaftliches Putzen der Ablaichsubstrate lassen bei allen Arten jeden Laichgang zu einem Erlebnis werden.

Paarung

Der eigentliche Ablaichvorgang bei allen Panzerwelsarten ist fast gleich. Auf die geringen Unterschiede während der einzelnen Ablaichphasen soll hier nicht eingegangen werden, weil sie vom Züchter kaum oder nicht mehr beeinflußt werden können. Die meisten Arten lassen sich, wenn sie mit dem Laichen begonnen haben, auch von äußerer Unruhe nicht mehr stören. Wenn das Weibchen laichwillig ist, schüttelt es die Männchen nicht mehr durch heftige Dreh- und Seitenbewegungen ab. Es versucht nur noch zeitweise, den ungestümen Werbungen der Männchen durch eine Ruhestellung auf dem Boden zu entkommen. Dies dauert so lange, bis es einem Männchen gelingt, mit bebendem gekrümmtem Körper vor dem Kopf des Weibchens stehend, dessen Barteln mit einer Brustflosse zu ergreifen; wobei das Weibchen an die Bauchseite des Männchens herangezogen wird. Dann gibt das Männchen sein Sperma in das Wasser ab. Fast gleichzeitig oder kurz danach fallen in die zu einer Tasche zusammengelegten Bauchflossen des Weibchens die Eier.

Nach Knaack ist es unwahrscheinlich, daß die Spermatozoen vom Weibchen abgesaugt werden und den Tierkörper passieren, um die Eier zu befruchten oder eine Vorratsbefruchtung zu ermöglichen. Da die Spermatozoen den Magen (pH-Wert) nicht lebend passieren können und keine anderen Zugänge zum Eierstock und Eileiter gefunden wurden, kann eine innere Befruchtung ausgeschlossen werden. Aus diesem Grunde wurden unter anderem auch die in der Abbildung auf S. 59 dargestellten Atemstromuntersuchungen durchgeführt. Mit großer Wahrscheinlichkeit werden die Spermatozoen genauso verteilt. Erhärtet haben sich diese Ergebnisse durch andere Untersuchungen, die den Austritt der Spermatozoen aus der Genitalöffnung des Männchens nach dem Festklemmen des Weibchens durch das Männchen ergaben.

Schon während des Festklemmens der Tiere sinken beide Partner langsam zum Boden, ohne ihn jedoch immer vor dem »Sichloslösen« zu erreichen. Am Boden verweilen beide dann eine kurze Zeit. Danach sucht das Weibchen, oft schon wieder bedrängt durch ein oder mehrere Männchen, einen günstigen Platz zur Eiablage. Ist er gefunden, werden die stark klebrigen Eier durch zitterndes Andrücken der Bauchseite an die ausgesuchte Stelle und gleichzeitiges Öffnen der Bauchflossen angeklebt. Nach einer mehr oder weniger langen Ruhepause beginnt das Spiel von neuem. Während der Ruhepausen wird meist Futter aufgenommen. Wenn es nicht ausreichend vorhanden ist, werden die Eier als Futterersatz gefressen.

Wir können also folgende Ablaichphasen festhalten:
1. intensive Werbung der Männchen
2. gemeinsames Säubern und Putzen von Ablaichplätzen
3. Treiben und Hochzeitstanz der Männchen
4. Festklemmen des Weibchens durch ein Männchen
5. Spermaausstoß des Männchens
6. Eintritt der Eier in die Bauchflossentasche des Weibchens
7. Befruchtung der Eier in der »Tasche«
8. Eiablage.

Die Größe und Anzahl der Eier bei einer Paarung sind bei den einzelnen Arten unterschiedlich. Von einem Ei mit 2 mm Durchmesser bis zu 14 Eiern mit 1,2 mm Durchmesser sind alle Zwischenstufen vertreten. Genauso verschieden ist die Gesamteierzahl. Wie schon erwähnt, legt *Corydoras paleatus* je nach Größe und Alter des Weibchens etwa 250 Eier pro Laichgang ab. Höhere Stückzahlen bilden eine Ausnahme. Ähnlich liegen die Mengen bei *C. aeneus.* Ein besonderes Ereignis waren zweimal etwa 800 Eier

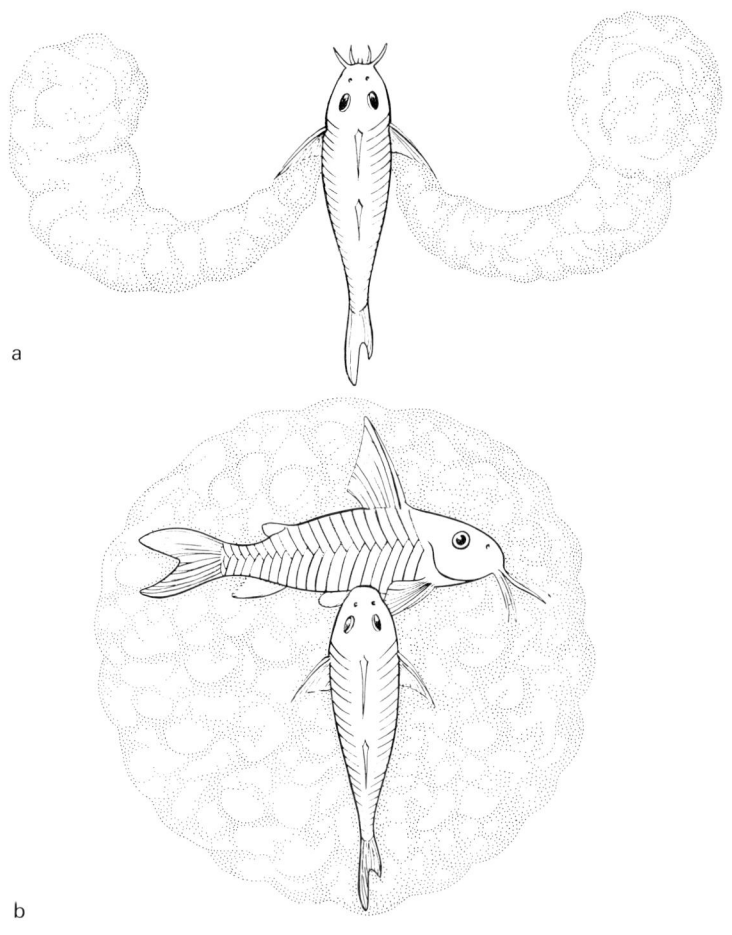

Der Atemstrom von *Corydoras paleatus* (nach Knaack):
a) vom Weibchen, b) während der Paarung

eines 9 cm großen *C. aeneus*-Weibchens. Der Zwergpanzerwels, *C. pygmaeus*, laicht nur etwa 40 mit 1,2 mm Durchmesser sehr kleine Eier, und der ebenfalls relativ kleine *C. metae* nur etwa 40, aber mit 2 mm Durchmesser recht große Eier pro Laichgang. Der mittelgroße *C. napoensis* hingegen bringt es auf etwa 600, aber auch nur 1,2 mm große Eier.

Ablaichverhalten der Schwielenwelse

Alle bei uns bekannten Schwielenwelse sind Schaumnestbauer. Die Schaumnester werden von den Männchen unter schwimmenden Gegenständen durch Luftblasen gebaut, die in der Mundhöhle gebildet und durch die Kiemen abgegeben werden. Damit leiten die Männchen die Laichvorbereitung ein. Aber es gab auch schon Fälle, in denen die Weibchen als die aktiveren Teile auftraten und die Männchen regelrecht zum Laichsubstrat trieben. Die Schaumnester von *Hoplosternum thoracatum* sind enorm groß und Durchmesser von 30 cm keine Seltenheit. Während des Baues der Schaumnester wird das Weibchen heftig vom Männchen attackiert. Dabei gehen die Männchen nicht gerade liebevoll mit den Weibchen um. Rammen, Seitenschlagen, Scheuchen usw. sind an der Tagesordnung. Oft wird abwechselnd das Schaumnest gebaut und das Weibchen attackiert. Wenn dann das Weibchen beim Bau des Schaumnestes mithilft, ist es bald soweit. Das Männchen schwimmt über die Kopfregion das Weibchen an, und der Laichakt findet ähnlich wie bei den Panzerwelsen statt. Nur spielt sich in der Regel alles direkt unter dem Laichsubstrat ab. Von guten Tieren sind 600 bis 800 Eier pro Laichgang keine Seltenheit. *H. thoracatum* gehört zur Gruppe der Rhythmuslaicher.

Bei *Dianema longibarbis* verteidigt das dominierende Männchen ganz energisch den besten Ablaichplatz. Es hält auch laufend in der Nähe Wache, ohne jedoch ständig zu »schäumen«. Alle bisher beobachteten Ablaichvorgänge über 3 Generationen hinweg wiesen im Vergleich zu *Hoplosternum* nur kleine Schaumnester auf. Nach dem Ablaichen waren nicht einmal alle Eier vom Schaum bedeckt, wobei auch schon ein Teil an der Seitenscheibe in der Nähe des Laichsubstrats abgelegt wurde. Die willigen Weibchen nähern sich von selbst dem Laichplatz. Einmal abgelehnte Weibchen werden vom Männchen, später auch vom gerade aktiven Laichweibchen verjagt. Mitunter paart sich ein Männchen hintereinander oder an 2, 3 Tagen mit mehreren Weibchen. Erst einmal erlebten wir, daß bei einem fast ständigen Besatz von 3 Männchen und 5 Weibchen gleichzeitig 2 Männchen aktiv wurden. Das dominierende Männchen laichte an dem sonst ständig von ihm gewählten Plastdeckel, das andere Männchen an einem Blatt vom Wassermohn *(Hydrocleis nymphoides)*. Die Eierzahl pro Weibchen liegt zwischen 200 und 600 Stück.

Ablaichphasen von *Corydoras*-Arten:
1 Laichvorbereitung (Spiel), 2 Laichvorbereitung (Putzen), 3 Hochzeitstanz, 4 Festklemmen (Paarung), 5 Eintritt der Eier in die Bauchflossentasche, 6 Ablage der Eier

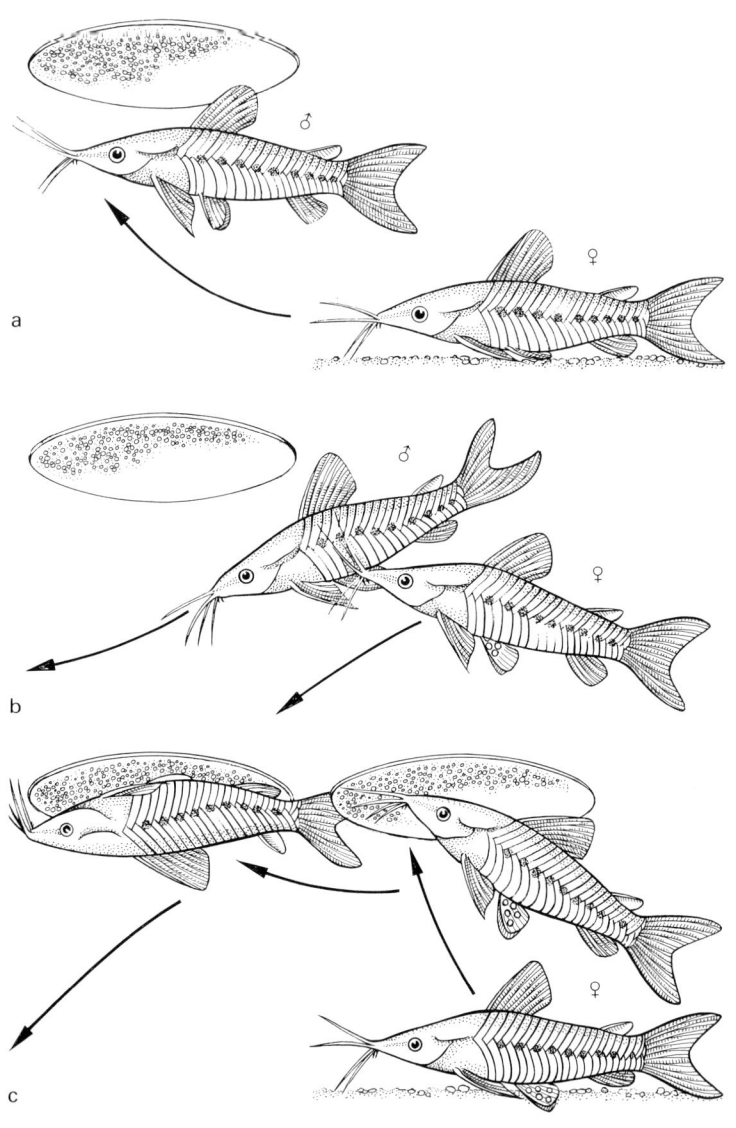

Ablaichphasen von *Dianema longibarbis*:
a Männchen steht unter dem Schaumnest und wirbt (Vorbereitung der Paarung), b Paarung, c Weibchen legt die Eier in das Schaumnest

Laichbehandlung

Bei allen Welsarten werden von uns die Eier aus dem Ablaichbekken herausgenommen und in vorbereitete sogenannte Vorstreckbecken überführt. Diese Becken sind mit einem Überlauf und einer Durchlüftung versehen und an eine Trippelanlage angeschlossen. Die Trippelanlage besteht aus einem über dem Vorstreckbecken angebrachten Behälter, aus dem das durch die Raumtemperatur aufgewärmte Wasser in freiem Fall in die Vorstreckbecken fließt. Der Einlauf des Wassers wird durch Schlauchklemmen reguliert. Meistens geschieht die Zugabe tröpfchenweise.

Die Vorstreckbecken weisen eine Größe von 35 cm × 25 cm und 12,5 cm Wasserstand auf. Das Wasser ist 1 bis 2 Tage altes, abgestandenes, zusätzlich durchlüftetes Leitungswasser. Auf jeden Fall sollte es das gleiche Wasser sein, mit dem auch die Zuchttiere angesetzt wurden. Es wird mit den schon erwähnten Chemikalien soweit wie möglich steril gemacht. Ob sich dazu Chloramin, Trypaflavin, Malchitgrün, Protocid oder andere Mittel am besten eignen oder eventuell gar keine Chemikalien benutzt werden, muß jeder selbst ausprobieren, denn jedes Wasser weist eine andere Zusammensetzung auf.

Gut hat sich bei uns auch folgende, allerdings etwas zeitaufwendige Methode bewährt. Dabei wird aus dem Ablaichbecken das Wasser über Aktivkohle herausgefiltert.

Wichtig sind sauberes, sauerstoffreiches und keimarmes Wasser und die gleiche Temperatur beim Übersetzen der Eier. Das Abnehmen der Eier von den Scheiben kann mit den Fingern (Abrollen) oder mit der Rasierklinge geschehen. Um diese Arbeit zu erleichtern, läßt man das Wasser bis unterhalb der abgelegten Eier ab, oder wenn der Wasserstand nicht gesenkt wird, hält man einen Behälter unter die Eier. Ob die Eier nach dem Überführen wieder an einer Seitenscheibe angeklebt werden oder zu Boden sinken, ist von untergeordneter Bedeutung. Sie können auch mit dem Laichsubstrat übergesetzt werden.

Man darf aber die Eier nicht sofort nach dem Ablaichen herausnehmen, sondern muß sie erst aushärten lassen.

Bei ganz intensiven Laichräubern, wie wir es schon bei *Corydoras elegans* erlebten, mußten allerdings die belegten Blätter sofort abgeschnitten und in das gleiche, schon vorher entnommene Beckenwasser gegeben werden.

Bis zum Schlupf der Embryonen muß nur ständig durchlüftet werden. Die Entwicklungszeit der Eier ist sowohl von der Welsart als auch von der Temperatur des Wassers und vom Wasserchemismus abhängig. In der Regel beträgt sie 3 bis 6 Tage.

Die günstigsten Temperaturen sind 24 bis 26 °C. Sobald die ersten Jungfische schlüpfen, werden $\frac{1}{3}$ bis $\frac{2}{3}$ des Wassers gewechselt; dies erleichtert nach unseren Erfahrungen den Embryonen das Sprengen der Eihüllen. Zugleich wird die Trippelanlage in Betrieb genommen. Wir erkennen die Notwendigkeit des weiteren Wasserwechsels durch trübes Wasser oder sich bildenden Schaum infolge frei werdenden Fruchtwassers. In den Vorstreckbecken werden die Jungtiere 8 bis 14 Tage belassen.

Anfüttern

Der Hauptgrund für die anfangs benutzten kleinen Vorstreckbekken ist außer der besseren Kontroll- und Beobachtungsmöglichkeit die Fütterung. So ist von Salmlern und anderen frischgeschlüpften Jungfischen bekannt, daß sie sehr kleines, oft mikroskopisch kleines, sogenanntes Staubfutter zum Anfüttern benötigen. Bei den Panzer- und Schwielenwelsen ist dies nach unseren Erfahrungen aber nicht unbedingt nötig, wenn eine gut funktionierende Grindalwurmzucht zur Verfügung steht. Die ersten 2 bis 4 Tage – je nach Art verschieden –, aber selten länger zehren die Larven von ihren Dottersäcken. Erst danach sind ihre Mundwerkzeuge und inneren Organe so weit entwickelt, daß sie Nahrung aufnehmen können. Sie kann dann jedoch schon aus verhältnismäßig großem Futter bestehen. Aus diesem Grunde füttern wir alle Welsjungtiere mit Grindalwürmchen an. Im Ausnahmefall werden durch Spülen in kaltem Wasser die kleinsten Würmchen ausgesiebt, wobei die größeren Würmchen schneller herabsinken als die kleineren. Wenn einmal nicht genügend kleine Würmchen vorhanden sind, können auch die größeren zerkleinert und verfüttert werden.

Das Anfüttern erfolgt meist bereits am zweiten Tag nach dem Schlupf, damit die Würmchen im Wasser ermüden und die Jungtiere sie leichter erhaschen können. Erst wenn weiße Bäuche zu erkennen sind, wird auch anderes kleines Futter, z.B. Nauplien, Salinenkrebschen und Staubfutter, gereicht.

Wir haben feststellen müssen, daß Jungwelse, die mit größerem

Anfüttern mit Grindal

Futter angefüttert wurden, auch kleineres hinzunahmen, aber daß umgekehrt Schwierigkeiten auftraten. Probleme gab es dann, wenn plötzlich kein Staubfutter mehr zur Verfügung stand. Wenn wir nur Salinenkrebse füttern, kommt es zu Mangelerscheinungen. Mit Essigälchen (»Mikro«), besonders als Anfangsfutter, wurden keine guten Erfahrungen gemacht. Wichtig ist, daß die Jungtiere ständig Nahrung finden und peinlichste Sauberkeit herrscht. Stehen keine kleinen *Ancistrus*-Jungtiere zur Verfügung, muß der Beckenboden täglich mit einem Pinsel gereinigt werden. Eine sehr dünne Schicht feinen Glassandes (Vogelsand ohne Kalk- und Anisbeimengungen) schafft hier Erleichterung. Wenn notwendig, werden auch $\frac{1}{3}$ bis $\frac{2}{3}$ des Wassers trotz der Trippelanlage gewechselt. Bei einer Größe von etwa 8 bis 10 mm setzen wir die Jungfische in die großen Aufzuchtbecken (80 cm × 60 cm × 28 cm) mit gleicher Wasserhöhe wie im Vorstreckbecken. Im Laufe von 4 Wochen wird sie dann auf 25 cm erhöht.

Beschreibung einiger Arten

Die Familie der Callichthyidae (Panzer- und Schwielenwelse) unterscheidet sich äußerlich von anderen Welsfamilien durch 2 Längsreihen dachziegelartig überlagerter, jeweils die ganze Seitenfläche ausfüllende, glatte Knochenplatten. Durch Überlagerung der oberen und unteren Reihen entsteht eine zickzackförmige Mittellinie (Überlappungslinie). 1 bis 3 Bartelpaare begrenzen das kleine endständige Maul. An der Unterlippe sind oft bartelartige Fortsätze vorhanden. Optisch lassen sich die einzelnen Gattungen durch die Barteln und Körperformen recht gut unterscheiden. Die Gattungen *Callichthys*, *Hoplosternum* und *Dianema* besitzen lange, meist nach vorn gerichtete Barteln und einen langgestreckten, walzen- oder torpedoförmigen Körper. Die Gattungen *Corydoras*, *Aspidoras* und *Brochis* haben nur kurze, zurückgelegte, kaum über die Kiemen hinausreichende Barteln. An der Unterlippe befindet sich ein Paar kurzer Kinnbarteln. Sie weisen einen oft gedrungenen, seitlich mehr oder weniger zusammengedrückten und meist relativ hohen Körper auf. Die Rückenlinie ist stärker gewölbt als die Bauchlinie.

Bei der Beschreibung der folgenden Arten werden von uns nur solche Merkmale angegeben, die auch am lebenden Tier in kleinen Schau- und Untersuchungsbecken oder Schalen sowie auf Dias und Fotos feststellbar sind. Es handelt sich um Hinweise auf die Dorsale (Rückenflosse), Pectorale (Brustflosse), Lateralschilder (Knochenplatten) und die Totallänge (von der Schnauzenspitze bis zum Schwanzflossenende). Dabei benutzen wir folgende Symbole:

D 1/7 = ein Dorsalstachel, 7 Weichstrahlen
P 1/6 = ein Pectoralstachel, 6 Weichstrahlen
ols   = obere Lateralschildreihe
uls   = untere Lateralschildreihe
tl   = Totallänge
A   = Anale (Afterflosse)
V   = Ventrale (Bauchflosse)

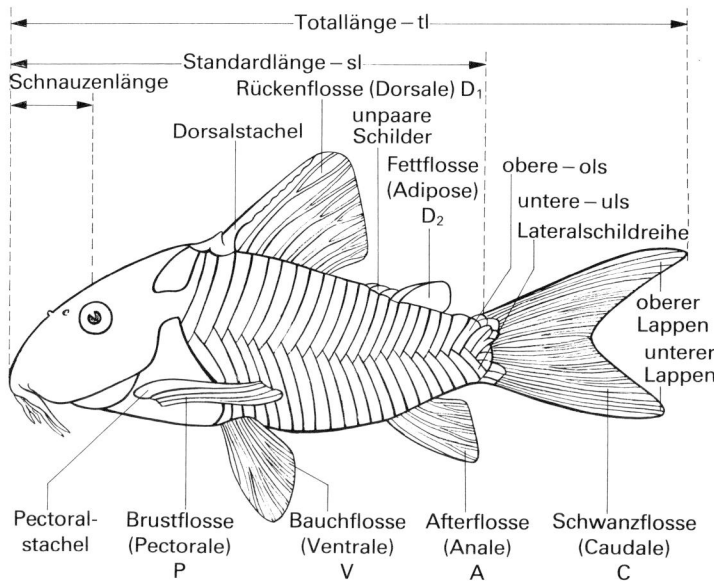

Körperschema einer *Corydoras*-Art

Corydoras aeneus (GILL., 1858)

D 1/7, P 1/8 bis 9, ols 23 bis 24, uls 20 bis 22, tl ♀ 7 cm, ♂ 6 cm

Der freie Rand der Dorsale wirkt leicht nach außen gewölbt. Die Basis der Dorsale ist dunkel. Die ersten 2 Weichstrahlen sind etwas länger als der Dorsalstachel, was bei den Weibchen allerdings nicht so deutlich ausgebildet ist.

Die Tiere haben eine gelbbraune bis zart rötlichbraune Grundfärbung. Der dorsale Teil des Körpers ist vom Kopf bis zur Basis der Schwanzflosse dunkelbläulichgrau, eine Färbung, die sich bis zu den höchsten Teilen der unteren Lateralschilder ausdehnt. Oftmals ist die vordere Hälfte wesentlich dunkler gefärbt und als großer schwärzlichgrauer Fleck erkennbar.

Die Tiere aus verschiedenen Gegenden ihres Verbreitungsgebietes weisen eine unterschiedliche Färbung auf wie auch einen mehr oder weniger stark ausgeprägten schmalen Goldstreifen beiderseits des Rückenfirstes, der in der Länge sehr variieren kann. Gemeinsam ist allen, daß sie je nach Einfallwinkel des Lichtes einen stark kupfernen, bronzenen oder messinggelben Metallglanz zeigen. Die Dorsal-, Fett- und besonders die Schwanzflosse sind rötlichbraun, die übrigen Flossen wie die untere Körperregion gelblichbraun.

Geschlechtsunterschiede kann man durch den Größenunterschied und durch den stärkeren Körperumfang der Weibchen feststellen. Die Männchen bleiben deutlich kleiner und schlanker.

C. aeneus braucht keine besondere Pflege. Er laicht auch bei entsprechenden Umweltbedingungen im Gesellschaftsbecken. Im Artbecken gehalten, fördern bei passender Vorbereitung durch besonders gute Fütterung kältere Frischwasserzugaben die Laichwilligkeit. Er ist vergleichsweise leicht zur Fortpflanzung zu bewegen. Die nur etwa 1,3 mm großen Eier werden in Sätzen von 12 bis 20 Stück an Scheiben und Pflanzen geklebt. Er gehört zu den wenigen Arten, die auch gänzlich ohne Pflanzen laichen. Bei ungenügender Fütterung betätigt er sich als Laichräuber!

Nach etwa 3 Tagen schlüpfen bei 24 °C die Fischlarven. Das Anfüttern und die Behandlung der Jungfische werden, wie bereits angegeben, durchgeführt. Die Tiere wachsen bei guter Pflege verhältnismäßig schnell heran.

Corydoras arcuatus ELWIN, 1939

D 1/7, ols 22 bis 24, uls 20 bis 22, tl ♀ etwa 6 cm, ♂ 5 cm

Die Dorsale ist spitz und relativ groß und der erste Weichstrahl länger als der Dorsalstachel, bei den männlichen Tieren deutlicher ausgeprägt. Der keulenförmige Körper hat ein gewölbtes Kopf- und Rückenprofil.

Die Grundfärbung ist gelblichgrau bis gelborange, unterseits weiß. Ein ungefähr 3 mm starkes (an der Schnauzenspitze etwas breiteres) tiefschwarzes Band verläuft parallel zum Rückenfirst über die oberen Teile der Körperseiten. Es entspringt gleich hinter den Barteln, kreuzt das Auge und folgt der oberen Körperkante in deren gekrümmten Bogen bis zum Schwanzstiel. Dort befindet sich ein Knick; das Band berührt den Schwanzstiel und verläuft, dann immer schmaler werdend, an der Kante des unteren Schwanzflos-

Corydoras arcuatus

senlappens. Die Flossen sind farblos und durchsichtig, nur die Schwanzflosse weist zahlreiche winzige, kaum sichtbare schwarze Punkte auf.

Geschlechtsunterschiede lassen sich einmal durch die unterschiedliche Größe und zum anderen durch den stärkeren Leibesumfang der Weibchen feststellen. Hinzu kommt, daß die Verlängerung des ersten Weichstrahles der Rückenflosse beim Männchen deutlich erkennbar ist.

Einige Arten der Gattungen *Corydoras, Brochis, Hoplosternum* und *Dianema* (folgende Seiten):
1 *Corydoras aeneus*, 2 *C. arcuatus*, 3 *C. bondi*, 4 *C. elegans*, 5 *C. eques*, 6 *C. melanistius*, 7 *C. metae*, 8 *C. nattereri*, 9 *C. paleatus*, 10 *C. pygmaeus*, 11 *C. rabauti*, 12 *C. reticulatus*, 13 *C. trilineatus*, 14 *C. napoensis*, 15 *C. zygatus*, 16 *Brochis splendens*, 17 *Dianema longibarbis*, 18 *Dianema urostriata*, 19 *Hoplosternum thoracatum*

Beschreibung einiger Arten

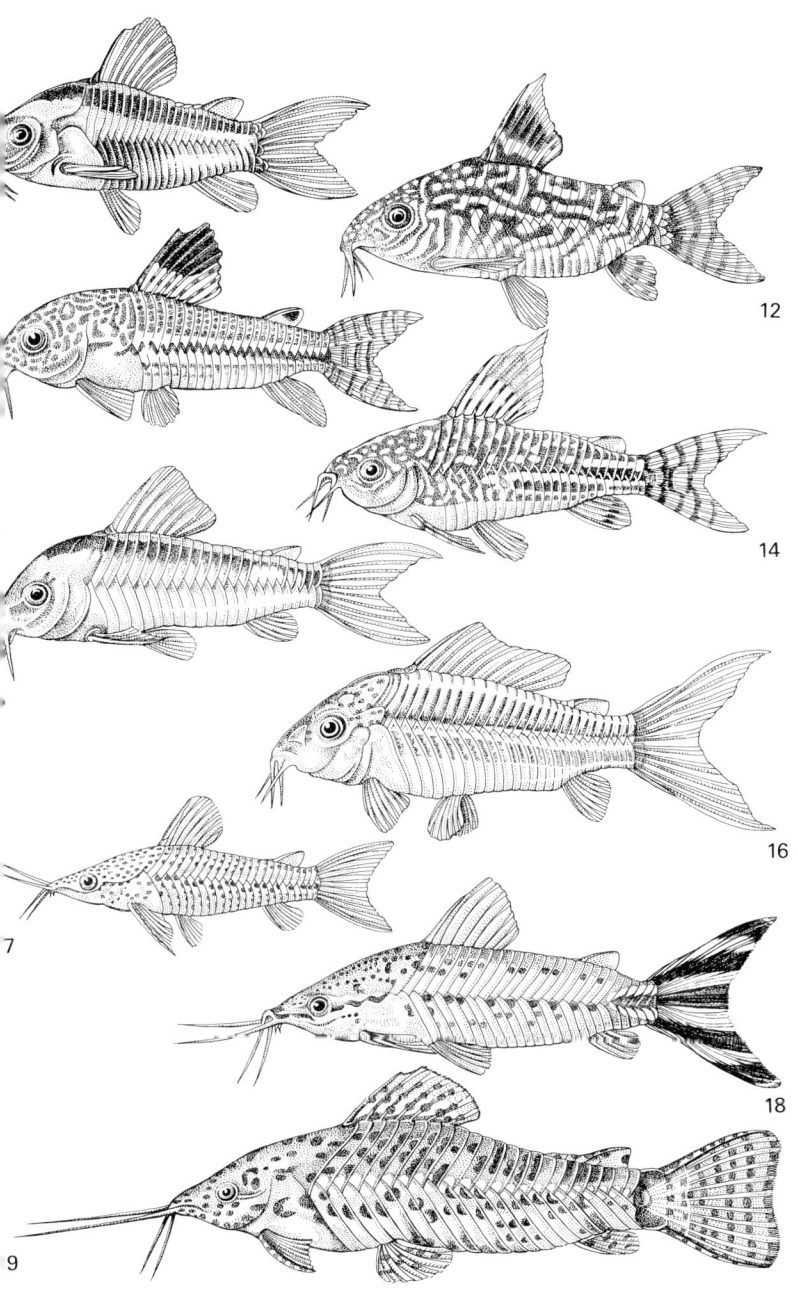

12

14

16

7

18

9

Corydoras arcuatus liebt es etwas wärmer als die meisten anderen *Corydoras*-Arten. Temperaturen von 24 bis 26 °C tragen sehr zum Wohlbefinden bei. Er ist ein Allesfresser, man gebe ihm aber vor allem kleines Lebendfutter. Die Nachzucht dieser sehr schönen *Corydoras*-Art soll bereits gelungen sein. Veröffentlichungen fehlen aber bisher. Wir konnten bei uns beim einmaligen Ablaichen weniger Eier feststellen, daß die Größe der Eier etwa denen von *C. aeneus* und *C. eques* entspricht.

Corydoras bondi coppenamensis Nijssen, 1970

D 1/7, P 1/7 bis 8, ols 23, uls 20, tl ♀ 6 cm, ♂ 6 cm

Die Dorsale ist relativ groß, wobei die ersten 2 Weichstrahlen etwas länger als der Dorsalstachel sind. Mitunter kann der erste Weichstrahl zu einer ziemlich langen Faser verlängert sein. Der Dorsalstachel weist eine durchgängig dunkle Färbung auf. Im oberen Teil des ersten Weichstrahles erkennt man einen dunklen Anflug.

Die Grundfärbung ist ein gelbliches Braun. Den Kopf bedecken runde schwarze Punkte, die sich über den dorsalen Teil des Körpers fortsetzen. Ein breiter schwarzer Streifen erstreckt sich über die lateralen Körperschildverbindungen bis zur Basis der Schwanzflosse. Der Streifen ist mitunter an den vorderen Schildern unterbrochen oder als Zickzacklinie ausgebildet; dabei hebt er sich wirkungsvoll von den schmalen unpigmentierten Zonen ab, die ihn umgeben. Zum Bauch zu zeigen sich auf den unteren Lateralschildern, parallel zum schwarzen Streifen bis etwa zur Hälfte des Körpers verstreut, Tüpfelchen, die eine mehr oder weniger regelmäßige Linie bilden können. Bei Wohlbefinden der Tiere sind deutlich kleine schwarze Stellen auf den oberen Lateralschildern zu erkennen. Sie liegen seitwärts zwischen den Augen und der Dorsale, am Ende der Dorsalflossenbasis sowie gleich nach der Fettflosse. Die Färbung der Flossen ist hell. Eine Pigmentierung läßt sich lediglich schwach auf den Dorsal- und Caudalflossen erkennen. Die verstreuten Punkte auf den Schwanzflossenstrahlen bilden etwa 4 unregelmäßige vertikale Linien.

Geschlechtsunterschiede sind nicht eindeutig vorhanden. Lediglich bei Laichansatz ist das weibliche Tier in der Draufsicht durch seine größere Körperfülle erkennbar.

Es gibt auch noch *Corydoras bondi bondi* GOSLINE, 1940. Bei ihm ist die Grundfärbung gleich, jedoch unterscheidet er sich durch unregelmäßig geformte, nach hinten zu abnehmende Punkte auf den dorsalseitigen Körperschildern. Hinzu kommt, daß die Flossen kleine, verstreut liegende Punkte aufweisen.

In der Pflege sind *bondi coppenamensis* und *bondi bondi* nicht anspruchsvoller als die anderen Arten.

C. bondi coppenamensis laicht bis zu 120 Eier, die einzeln abgelegt werden und mit etwa 1,8 mm etwas kleiner als die von *C. nattereri* sind. Nach unseren Erfahrungen braucht die Art zur Eiablage Pflanzen, obwohl sie auch in pflanzenfreien oder nur mit wenig Pflanzen besetzten Becken ablaicht. Es ist dann jedoch nur eine geringe Eizahl. Hinzu kommt, daß sich die Tiere dann als Laichräuber betätigen.

Bei einer Temperatur von 24 °C und guter Durchlüftung schlüpfen die Larven nach 5 Tagen.

Das Anfüttern und die Behandlung der Jungtiere geschehen, wie bereits erwähnt wurde. Bis zu einer Länge von etwa 1,5 cm fehlt den Jungtieren der Längsstreifen.

C. bondi coppenamensis hat nach 3 Monaten etwa die Größe von 2,5 cm erreicht. Er gehört also zu den »langsam« wachsenden Arten.

Corydoras elegans STEINDACHNER, 1877

D 1/7, ols 21 bis 22, uls 20, tl ♀ 7,5, ♂ 6 cm

Die Dorsale ist lang und spitz, wobei die ersten 3 bis 4 Weichstrahlen länger als der Dorsalstachel sind. Dies trifft auch auf die weiblichen Tiere zu, bei ihnen ist die Dorsale aber nicht so groß und spitz ausgezogen. Die Pectoralstacheln sind deutlich länger als der Dorsalstachel. Die Tiere haben eine gelblichbraune Grundfarbe, einen etwas dunkleren Rücken und eine hellere Bauchseite. Die Oberseite des Kopfes ist graubraun marmoriert. Vom Hinterhaupt bis zur Schwanzwurzel verläuft ein keilförmiges dunkles Band, das vorn teilweise aus mehreren Flecken besteht und unscharf begrenzt ist. Seitlich folgt auf dieses Band ein heller Streifen, der unten mit einer dunklen Punktreihe abschließt. Die Flossen sind grau. Die Rückenflossen weisen bei den Männchen dunkle Flecken auf, die zu Längsbinden zusammenlaufen können. Während der Laichbereitschaft leuchten besonders bei den Männchen die hellen Stellen schön goldig, was durch die dann intensiv dunkel gefärbten Streifen und Flecken noch hervorgehoben wird.

Männliche und weibliche Tiere sind im ausgewachsenen Zustand relativ leicht zu unterscheiden: einmal durch den deutlichen Größenunterschied, zum anderen an der Form, Größe und Färbung der Rückenflossen. Hinzu kommt, daß die Weibchen voller, runder und plumper wirken.

In der Pflege ist *C. elegans* nicht anspruchsvoll. Das Ablaichverhalten ist allerdings etwas anders als bei den meisten anderen *Corydoras*-Arten. Schon Wochen und Tage vor dem Ablaichen zeigen die Männchen ihr Hochzeitskleid, d. h., die beschriebene Färbung läßt den Fisch zu einer Augenweide werden. Entgegen dem Verhalten anderer *Corydoras*-Arten, bei denen die Männchen bei vorhandener Laichbereitschaft gemeinsam unruhig im Becken umherschwimmen, bleiben hier die Männchen einzeln und beziehen Reviere, die gegen andere Männchen verteidigt werden. Die weiblichen Tiere finden zuerst kaum Beachtung. Später umwerben die männlichen Tiere das Weibchen fast zärtlich, wobei jedes Männchen versucht, das Weibchen in die Pflanzen zu locken. Sie bedrängen und verdrängen sich gegenseitig, bis es schließlich doch einem Männchen gelingt, seine Breitseite vor die Schnauze des laichwilligen Weibchens zu bringen, um mit einer Pectoralflosse die Barteln des Weibchens zu ergreifen und zum Laichakt zu schreiten.

Keine andere *Corydoras*-Art hat sich bisher bei uns als solch »spezialisierter« Laichräuber vorgestellt wie gerade die Männchen dieser Art. Deshalb sind eine dichte Bepflanzung und ausreichende Fütterung besonders nötig.

C. elegans laicht bis zu 240 (nach KNAACK 350), etwa 1,2 mm Durchmesser große Eier. Er legt die 8 bis 12 in die »Bauchtasche« gelangten Eier an Pflanzen ab. Als Pflanzen haben sich Cryptocorynen und Vallisnerien besonders bewährt. Bei einer Temperatur von 23 °C schlüpfen die relativ kleinen Fischlarven nach 4 Tagen.

Das Anfüttern und die Behandlung der Jungfische werden, wie bereits angegeben, durchgeführt.

Nach etwa 3 Monaten ist die Grundfarbe der Elterntiere einschließlich der Musterung zu erkennen.

Corydoras eques STEINDACHNER, 1877

D 1/6 bis 7, ols 23, uls 21, tl ♀ 6 cm, ♂ 5,5 cm

Die Dorsale ist relativ klein, desgleichen der Dorsalstachel. Die ersten 4 Weichstrahlen sind etwas länger als der Dorsalstachel. In der
Form und Größe sind die Geschlechter gleich.

Bei einer rötlichbraunen Grundfärbung zeigt diese Art je nach
Wohlbefinden im Milieu eine mehr oder weniger starke Blaufär-
bung an den Körperseiten. Die Tönung dehnt sich bis zu den höchsten Teilen der unteren Lateralschilder aus. Der Rücken ist rötlichbraun, die bauchseitigen Lateralschilder sind rötlichgelb. Ähnlich
wie bei C. aeneus zieht sich beiderseits des Rückenfirstes ein gelbli-
cher Streifen bis fast zur Schwanzwurzel hin, der aber meist nur
schwach sichtbar ist. Die Flossen sind durchscheinend und unge-
fleckt.

Geschlechtsunterschiede kann man durch den geringen Größenunterschied und den voluminöseren Körperumfang der Weibchen
erkennen. Die Männchen bleiben kleiner und schlanker.

C. eques braucht auch keine besondere Pflege. Jedoch laicht er
nicht so bereitwillig wie C. aeneus. Er benötigt zur Anregung der
Laichwilligkeit mehr Pflege, da er erst nach häufigerem Wasserwechsel und entsprechendem Futterangebot Laichbereitschaft
zeigt. Hinzu kommt, daß er wahrscheinlich noch stark von den hei-
matlichen Laichzeiten abhängig ist. Dies unterstreicht auch die
Tatsache, daß diese Art bei uns hauptsächlich von Ende Januar bis
Mai laichte. Bis zu 300 etwa 1,3 mm große Eier werden in Sätzen
bis zu 10 Stück an Pflanzen und Scheiben abgelegt. Bei einer Temperatur von 23 °C schlüpfen die Fischlarven nach 4 Tagen. Das Anfüttern und die Behandlung geschehen, wie bereits angegeben. Die
Jungfische wachsen relativ gut, aber nicht so schnell wie die Jungtiere von C. aeneus.

Corydoras melanistius REGAN, 1912

D 1/7, ols 21 bis 23, uls 19 bis 20, tl ♀ 5 cm, ♂ 5,6 cm

Der erste Weichstrahl der Dorsale ist deutlich länger als der Dorsalstachel. Die restlichen Weichstrahlen werden allmählich kürzer, so

daß eine dreieckige Flossenform entsteht. Die Stacheln der Dorsal-
und Pectoralflossen sind dunkel. Die Grundfärbung des keulenför-
migen Körpers ist gelblichweiß bis weißlichgrau mit schwach rötli-
cher Tönung. Über den ganzen Körper sind zahlreiche bräunlich-
schwarze kleine Tupfen verteilt. Charakteristisch für die Art ist
eine schwarze Binde, die sich, auf dem Kopf beginnend, durch das
Auge schräg nach unten bis zum Wangenrand hinzieht. Als ein
weiteres auffälliges Merkmal kann der keilförmige schwarze Fleck
genannt werden, der in der Mitte der Rückenflosse anfängt und
sich auf den oberen Lateralschildern bis etwas oberhalb des Brust-
flossengrundes fortsetzt. Die letzten Weichstrahlen der Rückenflosse sind schwach grau und fein dunkel gepunktet. Die übrigen
Flossen weisen die gleiche Färbung auf.

Die Geschlechter können nur durch die geringen Größenunterschiede und den stärkeren Leibesumfang des Weibchens unter-
schieden werden.

Die Art ist wärmebedürftig, deshalb sollte die Temperatur zwischen 24 und 27 °C gewählt werden. Es gelang bereits die Zucht.
Die relativ großen Eier werden einzeln an Scheiben und Wasserpflanzen angeheftet. Bei einer Temperatur von 25 °C schlüpfen die
Larven nach 5 Tagen. Das Anfüttern und die Pflege der Jungtiere
weichen nicht von den bisher gegebenen Hinweisen ab, jedoch gehören die Fische zu den langsam wachsenden Arten. So benötigen
sie zum zügigen Wachstum große Aufzuchtbehälter.

Corydoras metae EIGENMANN, 1914

D 1/8, ols 23, uls 20, tl ♀ bis 5,5 cm, ♂ bis 5 cm

Der äußere Rand der Dorsale verläuft gerade, wobei der erste
Weichstrahl um ein geringes länger ist als der Dorsalstachel. Je
nach Wohlbefinden tritt eine hellbraune bis graugelbe Grundfärbung auf. Die Bauchseite ist immer etwas heller gefärbt. Charakteristisch für die Art sind 2 schwarze Binden. Die erste Binde befindet sich auf dem Kopf und zieht sich vom Nacken abwärts durch
das Auge bis zu den Wangen hin. Die zweite Binde beginnt in
Höhe des Anfangs der Rückenflosse und verläuft entlang des Rük-
kenfirstes bis zur Schwanzflosse. Kurz ehe sie diese erreicht, knickt
die Binde plötzlich ab und erstreckt sich, etwas breiter werdend,

entlang der Schwanzflossenwurzel nach unten. Die Rückenflosse ist mit Ausnahme des äußeren Teiles der hinteren Flossenstrahlen schwarz. An der Flossenbasis geht die dunkle Färbung direkt in die erwähnte zweite Längsbinde über. Alle übrigen Flossen sind fast farblos und ohne Zeichnung.

Die Unterscheidung der Geschlechter ist nur durch die geringen Größenunterschiede und den stärkeren Leibesumfang des Weibchens möglich. Zum Wohlbefinden brauchen die Tiere Temperaturen von 23 bis 26 °C und Pflanzen. Die Nachzucht ist bereits mehrfach gelungen. Es darf als gesichert angesehen werden, daß diese Art bis zu 40 mit etwa 2 mm Durchmesser relativ große Eier pro Laichgang ablegt. Die Eier werden einzeln, höchstens aber zu zweit je Paarung an die Blattunterseiten oder an Scheiben geklebt. Zur Laichzeit bevorzugen die Fische eine Temperatur um 24 °C. Die Jungfische schlüpfen nach etwa 5 Tagen.

Die Pflege und Aufzucht der jungen *C. metae* weichen nicht von den bereits gegebenen Hinweisen ab. Sie wachsen anfangs relativ schnell heran. Nach etwa einem Monat stagniert der Wuchs. Bei weiterer guter Pflege und ausreichender Fütterung setzt sich nach ungefähr 14 Tagen das Wachstum fort. Schon bei einer Größe von etwa 1 cm zeigen die Tiere die typische Färbung und Zeichnung der Elterntiere. Sie sind allerliebste Pfleglinge.

Es gibt noch die ähnlich gezeichnete Art *C. melini*. Bei ihr ist jedoch der Verlauf der Binde auf dem Körper etwas anders als bei *C. metae*.

Corydoras nattereri Steindachner, 1877

D 1/7, ols 21 bis 23, uls 20 bis 21, tl ♀ 6,5 cm, ♂ 5,5 cm

Die Dorsale wirkt durch die ersten 2 verlängerten Weichstrahlen etwas spitz und ist fast so groß wie die Pectorale. Die Art weist eine plumpe Körperform auf.

Die bräunliche bis bläulichgraue Färbung wird gegen den Rücken zu dunkler und in Bauchrichtung heller. Der Bauch ist gelblich bis orange. Unterhalb der ersten Dorsalstrahlen befindet sich ein dunkelbrauner, unregelmäßiger Fleck. Die Intensität dieses Flekkes variiert in Abhängigkeit vom Wohlbefinden des Fisches. In der Mitte der Körperseiten verläuft ein schwärzliches Längsband, das hinter den Kiemendeckeln beginnt und an der Schwanzflossenbasis endet. Auf den Kiemendeckeln befindet sich ein bläulich irisierender Fleck. Die hellen Flossen zeigen keinerlei Zeichnung.

Geschlechtsunterschiede sind außerhalb der Laichzeit nur am Größenunterschied und an der schlankeren Gestalt der Männchen zu erkennen.

C. nattereri braucht keine andere Pflege, als bereits allgemein erwähnt wurde. Die Laichtemperatur liegt jedoch mit 20 bis 22 °C etwas niedriger als bei vielen anderen *Corydoras*-Arten. Zur Anregung der Laichwilligkeit tragen – wie schon erwähnt – Temperaturschwankungen und Wasserwechsel bei. Die Art laicht bis zu 30 etwa 2 mm große Eier. Die Ablage der Eier erfolgt einzeln an Scheiben und Pflanzen. Bei einer Temperatur von 23 °C und guter Durchlüftung schlüpfen nach 5 Tagen die Larven.

Das Anfüttern und die Behandlung der Jungtiere geschehen, wie bereits angegeben wurde.

Der Längsstreifen entwickelt sich nach etwa $1\frac{1}{2}$ Monaten. Nach 3 Monaten sind die Jungtiere etwa 2,5 cm groß.

Corydoras paleatus (JENYNS, 1842)

D 1/7 bis 8, ols 22 bis 24, uls 20 bis 22, tl ♀ 8 cm, ♂ bis 6,5 cm

Die Dorsale ist relativ groß, wobei die ersten 2 Weichstrahlen deutlich länger als der Dorsalstachel sind. Die Dorsal- und Pectoralstacheln sind dunkel angehaucht. Der Rücken ist dunkelolivbraun bis -grün. Die Seiten erscheinen gelblichgrün mit metallischem Glanz. Die untere Hälfte der unteren Lateralschilder und der Bauch sind gelblichweiß. Über die oberen zwei Drittel des Körpers verteilen sich zahlreiche schwärzliche Flecken, Tupfen und Punkte, deren Form und Ausdehnung äußerst variabel sind. Gewöhnlich kann man 3, im oberen Teil der oberen Lateralschilder liegende dunkle bandförmige Flecken beobachten, die häufig in kleinere aufgelöst sein können. Dazwischen liegen dunkle Punkte von geringerer oder stärkerer Intensität.

Die Rücken-, Schwanz- und Afterflossen sind grau mit Reihen schwärzlicher Striche.

Bei adulten Tieren kann man die Geschlechtsunterschiede deutlich durch die unterschiedliche Größe und den stärkeren Leibesumfang der Weibchen erkennen. Hinzu kommt, daß die Männchen eine sichtbar größere und zugespitzte Rückenflosse besitzen. Sie kann länger als die Körperhöhe der Tiere sein.

C. *paleatus* verträgt von allen Panzerwelsarten Temperaturschwankungen am besten. Temperaturen von 18 bis 24 °C werden bevorzugt. Zur Laichzeit ist der Mittelwert von 21 °C am erfolgversprechendsten. Die Tiere verhalten sich zwischen den Laichperioden meist ruhig. Während des Treibens und Ablaichens sind sie jedoch sehr stürmisch, was man auf Grund ihrer relativ plumpen Gestalt eigentlich nicht erwarten würde.

Bei einer Paarung werden 6 bis 10 Eier abgelegt. Sind Pflanzen im Becken vorhanden, werden die Eier gleichermaßen willig an den Unterseiten der Pflanzen und an den Scheiben angeheftet. Je nach Alter und körperlichem Zustand der Tiere laichen sie insgesamt 60 bis 250 Eier. Die Eier benötigen zur Entwicklung etwa 5 bis 7 Tage. Die Jungtiere wachsen bei guter Fütterung und Pflege relativ schnell heran. Nach etwa 3 Monaten sind sie 2,5 bis 3 cm groß. In der Färbung und Zeichnung sind sie den Elterntieren gleich. Ihr Verhalten ist aber wesentlich munterer und possierlicher.

Corydoras pygmaeus

D 1/7, P 1/7, ols 21, uls 20, tl ♀ etwa 3,1 cm, ♂ 2,4 cm

Die Dorsale ist relativ klein, wobei die ersten 2 Weichstrahlen länger sind als der Dorsalstachel. Dorsal- und Pectoralstacheln weisen eine dunkle Färbung auf.

C. *pygmaeus* gehört zu den langgestreckten Arten mit kurzer Schnauze. Das Tier hat eine durchscheinend grüngelbliche Grundfarbe, die zum Rücken hin dunkler wird. Auf der Überlappungslinie der Schilder verläuft ein dunkles Längsband von der Schnauzenspitze bis zur Schwanzflosse. Dieses Längsband wird durch das Auge unterbrochen und verbreitert sich in der Schwanzflosse zu einem länglichen Fleck, der oben und unten von einer weißen Zone umgeben ist, die wiederum von einer dunklen Zone eingegrenzt wird. Über der Längsbinde befindet sich ein parallel zu ihr verlaufender goldig glänzender Streifen. Im unteren Drittel der bauchseitigen Lateralschilder erkennt man ebenfalls ein dunkles gerades Band. Es entspringt hinter der Basis der Bauchflosse und endet in Höhe der Mitte der Afterflosse. In der vorderen Hälfte der unteren Lateralschilder ist zwischen der ersten und zweiten dunklen Binde eine geringe Anzahl schwach erkennbarer schwarzer Punkte sichtbar. Auf den Kiemendeckeln leuchten gelbgrüne, metallisch glänzende Flecken. Die Bauchpartie ist weißlich durchscheinend, während die Rücken-, Brust-, Bauch- und Afterflossen ohne Zeichnung sind.

Die Weibchen des *C. pygmaeus* werden größer und fülliger als die Männchen. Die deutlich schlankeren männlichen Tiere besitzen spitzere Rückenflossen. Bei ihnen sind die ersten 2 Weichstrahlen der Dorsale sichtbar länger als der Dorsalstachel.

Die Fische fühlen sich bei Temperaturen um 24 °C am wohlsten. Unruhiges Umherschwimmen und intensives Leuchten des goldenen Streifens kündigen Paarungsbereitschaft an.

Es sollen noch einige Beobachtungen über das Ablaichverhalten von *C. pygmaeus* folgen, da sie Aufschluß über Abweichungen gegenüber anderen *Corydoras*-Arten geben. So schwimmt das Weibchen oft durch die Pflanzen und putzt eifrig an ihnen herum. Zwischendurch klemmt sie sich auch, ohne daß eine »Fehlpaarung« vorausgegangen wäre, mit zusammengelegten Bauchflossen an die Blattunterseiten. Die Männchen schwimmen wohl mit, ohne jedoch zu putzen. Sie vollführen ihren Hochzeitstanz in unmittelbarer Nähe des Weibchens. Nach zwei- bis dreimaligem Wechsel des Standortes, wobei das Weibchen zwischenzeitlich auch frißt, während die Männchen nur werben, wendet sich das Weibchen blitzschnell einem es umtanzenden Männchen zu. Genauso hurtig vollzieht sich die Verpaarung. Wenn sich das Weibchen einem Männchen zugewandt hat und sie sich in der Verpaarungsstellung befinden, kann oft beobachtet werden, daß das gerade angenommene von einem stärkeren Männchen einfach weggedrückt wird und das Weibchen mit dem neuen Männchen den Verpaarungsakt vollzieht. Das Männchen verläßt das Weibchen sehr schnell und hält sich etwa 1 cm vor dem Weibchen auf. Kurz nachdem es das Weibchen verlassen hat, tritt ein Ei in die Bauchflossentasche ein. Das Weibchen bleibt in dieser Zeit an der gleichen Stelle. Sofort nach Austritt des Eies sucht es einen Platz zum Anheften des Eies, im Gegensatz zu anderen *Corydoras*-Arten, die mit Eiern in der Bauchflossentasche oft noch geraume Zeit umherschwimmen. *Corydoras pygmaeus* sinkt auch kaum zum Boden, sondern bleibt an einer Stelle im freien Wasser und flattert.

Nach etwa 1 ½ Stunden kommt es des öfteren zu Fehlpaarungen. Wenn das Weibchen frißt, lassen es die Männchen in Ruhe. Hat es sich aber auf ein Blatt gesetzt, wird es regelrecht heruntergeschubst. Es wird auch gestupst und geschoben, sobald es sich gegen Ende des Laichganges auf dem Boden niederläßt. Nach 4 Stunden treten die Eier schneller in die »Tasche« aus als am Anfang, aber das Ablegen dauert länger. Das Weibchen schwimmt jetzt mehr umher und sucht, als ob die besten Plätze schon besetzt wären. Bei diesen Tieren zog sich der Laichgang über 5 ½ Stunden hin.

In der Regel werden 20 bis 40 etwas mehr als 1 mm große Eier abgelegt. Versuche ergaben, daß die Eier bei entsprechender Größe der Becken im Zuchtbecken belassen werden können. Will man freilich sichergehen, ist es besser, die Eier in ein gesondertes Aufzuchtbecken zu überführen. Das muß aber innerhalb von 24 Stunden geschehen, wenn die Eier wieder angeklebt werden sollen, denn nach dieser Zeit läßt ihre Klebkraft nach. Auf dem Boden liegende Eier entwickeln sich jedoch gleichermaßen gut. Der Schlupfvorgang setzt nach 4 Tagen bei einer Temperatur von 24 °C ein.

Charakteristisch für die jungen *C. pygmaeus* ist, daß sich am Kopf, unmittelbar hinter den Augen, ein großer dunkler Fleck befindet. Im Verlauf von 5 Tagen dehnt er sich nach vorn aus und bildet eine Binde zwischen den Augen. Am 2. und 3. Tag sind auf dem oberen Teil des Körpers deutlich 3 Pigmentflecken erkennbar, die bis zum 5. Tag immer stärker in Erscheinung treten. Die Binde hat sich nach 8 Tagen von den Augen getrennt und bildet vor den ersten 3 Pigmentflecken einen 4. Fleck. Die ersten 3 Flecken wachsen nach Ablauf dieser Zeitspanne zur typischen Längsbinde zusammen. Der Fleck in der Schwanzflosse erscheint erst, nachdem die Ausbildung der Längsbinde abgeschlossen ist. Das Anfüttern und die Behandlung der Jungfische geschehen, wie bereits erwähnt wurde. Die Fische gehören zu den langsam wachsenden Arten.

Corydoras rabauti LA MONTE, 1941

D 1/7, P 1/7, ols 22 bis 23, uls 20 bis 21, tl ♀ 6,5 cm, ♂ 6,0 cm

Die Dorsale ist rundlich, wobei ihre ersten 3 Weichstrahlen nur geringfügig länger als der Dorsalstachel sind.

C. rabauti ist bei Wohlbefinden kräftig orangerot mit stellenweise geringem zart schwärzlichem Überzug. Das Tier weist ein für diese Art charakteristisches sehr breites dunkelbraunes Band auf, das vor der Dorsale entspringt und fast geradlinig zur Schwanzwurzel zieht. Die Partie um das Auge ist gleichfalls dunkelbraun, während die Flossen einheitlich schwach orangerot sind.

Geschlechtsunterschiede lassen sich nur an der Körperform erkennen. Die männlichen Tiere sind kleiner und eindeutig schlanker. Adulte Tiere vom *C. rabauti* brauchen keine gesonderte Pflege, sie benötigen aber vor allem ausreichend kleines Futter, das sie sehr langsam und bedächtig fressen.

Die Laichtemperatur liegt gegenüber der Hälterungstemperatur höher. Die Art laicht nur bis zu 80 etwa 1,5 mm große Eier. Bei 24 °C schlüpfen die Larven nach 4 Tagen. Die Eier werden überwiegend einzeln an Pflanzen abgelegt, deshalb ist für guten Pflanzenbesatz zu sorgen.

Das Anfüttern und die Behandlung der Jungtiere geschehen wie angegeben, wobei sie wesentlich langsamer als *C. zygatus* wachsen. Auch sind die Jungtiere bei schlechten Futter- und Wasserverhältnissen anfälliger.

Die Art zeigt während der Entwicklung einen deutlichen Wechsel in der Zeichnung und Färbung. Frischgeschlüpfte Jungtiere haben einen dunklen Augenstrich, der bald verschwindet. Dann entwickelt sich eine Jugendtracht, die vor allem durch eine sehr breite gürtelförmige dunkle bis blauschwarze Binde im mittleren Drittel des Körpers auffällt. Der vordere Teil des Körpers ist rotbraun, desgleichen die Dorsale und die Pectoralen, während das hintere Drittel einschließlich der Caudale eine fast weißliche Färbung aufweist. Erst bei einer Gesamtlänge von etwa 3 cm entwickeln sich die völlig abweichende Färbung und Zeichnung der Elterntiere.

Corydoras reticulatus FRASER-BRUNNER, 1938

D 1/7, P 1/10, ols 23, uls 21, tl bis 7 cm

Die Dorsale ist relativ groß, wobei die ersten 2 Weichstrahlen deutlich länger als der Dorsalstachel sind. Die Dorsal- und Pectoralstacheln weisen schwach erkennbare gleichmäßig angeordnete dunkle und helle Flecken auf.

C. reticulatus gehört zu den hochrückigen, seitlich abgeflachten Arten mit gitterwerk- oder wabenähnlichen, dunkelbraun bis schwarz genetzten Kopf-, Rücken- und Körperseiten. Die Ausdehnung der Musterung in einzelnen Abschnitten ist recht unterschiedlich. Die prächtig grünrote Grundfärbung wird durch die Netzzeichnung und einen kräftigen Metallglanz, der den ganzen Körper überzieht, wirkungsvoll hervorgehoben. Auf den bauchseitigen Teilen der unteren Lateralschilder ist die Färbung nicht so intensiv und die Musterung verwaschener. In der Schwanzflosse befinden sich 6 bis 7 dunkle bogige Binden. Ein dunkles Band kreuzt die Basis der Schwanzflosse. Die anderen Flossen sind durchsichtig und nur schwach gezeichnet. Die Rückenflosse bildet jedoch eine Ausnahme, denn ein auffallend dunkler, in der Form recht variabler Fleck in ihrem mittleren Drittel, der aber die letzten 3 Weichstrahlen freiläßt, trägt dazu bei, daß diese Art mit zu den schönsten Panzerwelsen gezählt wird.

Männliche und weibliche Tiere sind schwer zu unterscheiden, da der Größenunterschied nur gering und die Körperfülle des Weibchens nicht sehr stark ausgeprägt ist.

In der Pflege ist *C. reticulatus* nicht sehr anspruchsvoll. Temperaturen um 24 °C tragen zum Wohlbefinden bei. Die Art gehört zu den Allesfressern, allerdings ist Lebendfutter besser. Enchyträen, Tubifex und Daphnien werden bevorzugt gefressen.

Corydoras trilineatus, COPE 1872

D 1/7, P 1/8, ols 23, uls 20, tl bis 5,5 cm

Die ersten 2 Weichstrahlen der Dorsale sind deutlich länger als der Dorsalstachel. Die Grundfärbung des Tieres ist silbergrau, der obere Teil des Körpers lohfarben. Den ganzen Körper, einschließlich Schnauze, bedecken zahlreiche kleine schwarze Tüpfel, die nur auf den unteren Teil der unteren Lateralschilder nicht auftreten. Auf der Oberseite des Kopfes bilden sie unsymmetrische fadenförmige Linien. In der Körperseitenmitte, genau beim Zusammenstoß der oberen und unteren Lateralschilder, verläuft ein zickzackförmiger schwarzer Streifen, der in Höhe des Endes der Brustflosse beginnt und sich bis zur Schwanzflossenwurzel erstreckt. Oben und unten wird dieser Streifen von einer silbergrauen

Binde begrenzt. Entlang der unteren silbergrauen Binde verläuft eine schwarze Linie, die sich aus den gerade aneinandergereihten schwarzen Tüpfeln ergibt. Die Bauchseite ist hell. Auf den Wangen und den Kiemendeckeln liegt ein metallfarbiger, grünlichsilberner Glanz. Die Rückenflosse weist im oberen Teil einen tiefschwarzen Fleck auf, der sich über die ersten 4 Weichstrahlen erstreckt. Die restlichen Flossenstrahlen, einschließlich des Dorsalstachels und der Rückenflossenbasis, sind mit schwach erkennbaren wenigen schwarzen Tüpfeln versehen. Die Brustflossen weisen die gleiche Zeichnung auf. An der Fettflosse ist der Stachel dunkel und ein schwarzer Fleck deutlich erkennbar. In der Afterflosse stehen 2 Reihen schwarzer Tüpfel. Die Bauchflossen sind hell und ungezeichnet, während die Schwanzflosse 6 Reihen schmaler, bogenförmig verlaufender, schwarzer Tupfen aufweist.

Geschlechtsunterschiede können in der Färbung nicht erkannt werden, lediglich die Schnauzenspitze des Weibchens erscheint grau und fast ohne Tüpfel. Die männlichen Tiere bleiben schlanker, und die Dorsale wirkt spitzer und länger.

Die Art ist recht wärmebedürftig, deshalb sollte die Temperatur zwischen 24 und 27 °C liegen. Bei uns haben sich zur Zucht 24 °C bewährt. Die Eier sind relativ groß und werden an Pflanzen und Scheiben angeklebt. Nach etwa 5 Tagen schlüpfen die Larven, wenn die Eier bei einer Temperatur von 25 °C gehalten wurden. Das Anfüttern und die Pflege der Jungtiere weichen nicht von den bisher gegebenen Hinweisen ab, jedoch gehören sie zu den langsam wachsenden Arten; deshalb benötigen sie zum zügigen Wachstum große Aufzuchtbehälter.

Wir haben *C. trilineatus* beschrieben, weil nach unserer Ansicht ein großer Teil der unter dem Namen *C. julii* bekannten Tiere *C. trilineatus* ist. Die Arten *C. julii*, *C. leopardus*, *C. acrensis* und *C. punctatus* weisen wohl einen ähnlichen Dorsalfleck auf, aber in der Körperform, -größe und -zeichnung bestehen mehr oder weniger starke Unterschiede.

Die eindeutige Bestimmung ist zur Zeit noch nicht abgeschlossen.

Corydoras sodalis. Die Art wird fälschlicherweise oft als Weibchen von *C. reticulatus* angesehen.

Corydoras reticulatus

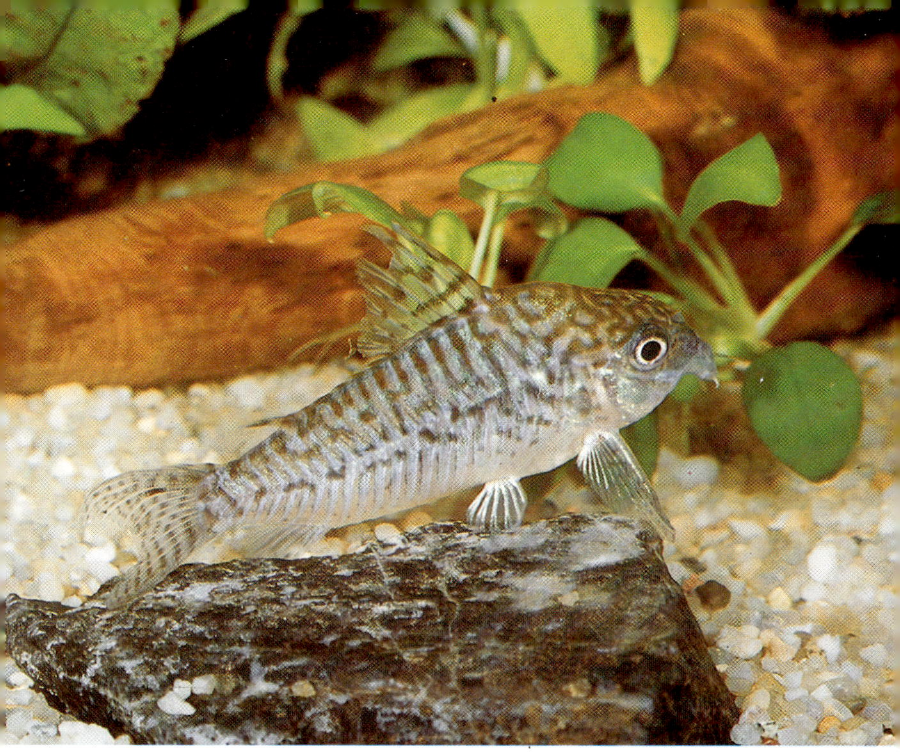

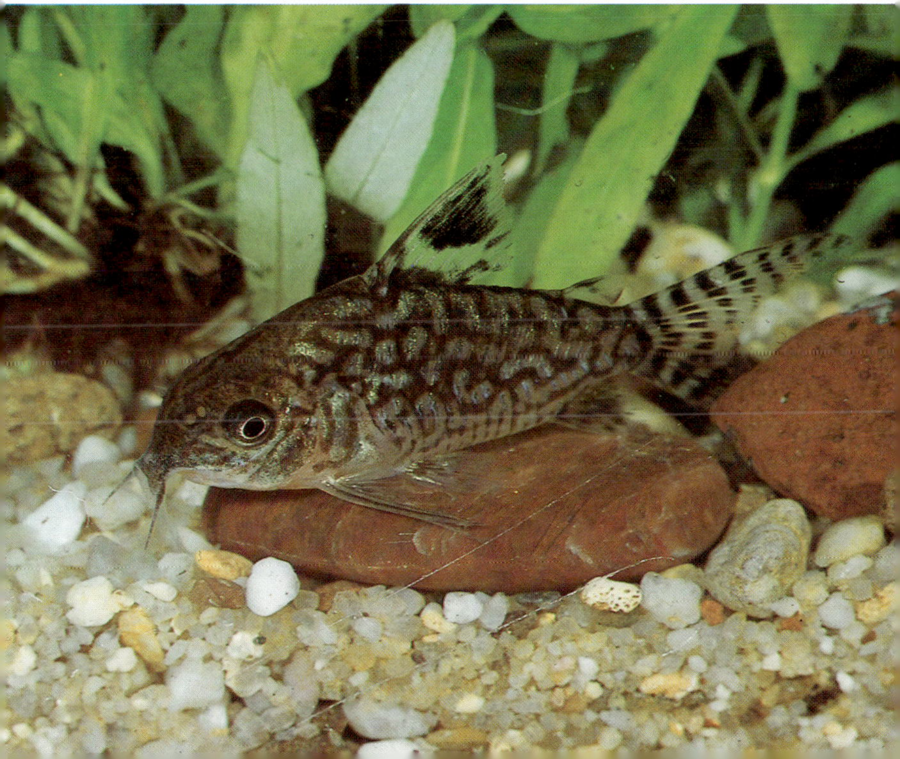

Corydoras napoensis

D 1/7, ols 21 bis 23, uls 19 bis 20, tl ♀ 6 cm, ♂ 5,5 cm

Die Dorsale ist relativ groß, wobei die ersten 3 bis 4 Weichstrahlen der Dorsale deutlich länger als der Dorsalstachel sind. Die Tiere haben dunkelgefärbte Dorsal- und Pectoralstacheln, was auch für die Weibchen zutrifft, die eine gelbliche bis bräunlicholive, an den Körperseiten heller werdende und gegen den Bauch zu in Ockergelb übergehende Färbung aufweisen. Die Unterseite des Kopfes und die Vorderbrust sind gelblichweiß. Die Oberseite des Kopfes und der Körper sind mit zahlreichen größeren und kleineren schwärzlichen, rundlichgeformten Tupfen und Punkten übersät, die an den Körperseiten das Bestreben zeigen, zu wellenförmigen Längsbinden zusammenzufließen. Von dieser Färbung heben sich verstreut stehende, zahlreiche goldiggrün glänzende, leuchtende Punkte wirkungsvoll ab. Die Flossen zeigen in Reihen gestellte dunkle Punkte und Striche.

Beim Männchen sind die oberen $\frac{2}{3}$ der Rückenflosse oft grau bis schwärzlich. Dadurch lassen sich ausgewachsene Tiere relativ leicht unterscheiden. Man muß aber wissen, daß bei Laichbereitschaft auch das Weibchen einen rauchigen Anflug in der Rückenflosse zeigen kann. Deutlich sind sie aber am Körperumfang, insbesondere in der Draufsicht, zu erkennen, da die männlichen Tiere viel schlanker bleiben.

Bei dieser Art ist es besonders schön, daß beide Geschlechter eine ausgesprochen hübsche und attraktive Färbung zeigen. In der Pflege ist C. napoensis nicht anspruchsvoller als die anderen Arten. Es werden bis zu 600 Eier abgelaicht, die etwa 1,2 mm groß sind. Die Ablage der Eier erfolgt an Pflanzen, nur gelegentlich an den Aquarienscheiben. Sie werden satzweise (10–18 Stück) angeklebt.

Wir haben bei dieser Art in keinem Fall Laichräuber beobachtet. Die Larven schlüpfen bei einer Temperatur von 26 °C am 3. Tag und sind nach etwa 3 Monaten ungefähr 2,5 cm groß. Es zeigt sich zuerst eine Längsbinde in der Mitte des Körpers, die die Jungfische wie C. pygmaeus erscheinen lassen. Erst bei einer Größe von etwa 3,5 cm setzen die Färbung und Musterung ein. Die sehr lebhaften Jungfische sind gegen schlechte Futter- und Wasserverhältnisse leicht anfällig; sie halten sich im Schwarm größtenteils in den mittleren Wasserzonen auf, wobei das Futter aber überwiegend vom Boden aufgenommen wird.

Im Unterschied zu vielen anderen *Corydoras*-Arten halten sich die adulten *C. napoensis*-Schwärme ebenfalls häufig in den mittleren Wasserbereichen auf. Sie sind ein besonderer Blickpunkt im Gesellschaftsbecken.

Corydoras zygatus EIGENMANN & ALLEN, 1942

D 1/8, ols 21, uls 20, tl ♀ 8 cm, ♂ 7,5 cm

Die Dorsale ist rundlich und der erste Weichstrahl der Dorsale nur wenig länger als der Dorsalstachel.

Die rostbraune Grundfärbung wird zum Bauch zu heller. Die einheitlich hellgrauen Flossen weisen deutlich dunklere Dorsal- und Pectoralstacheln auf. Auch für diese Art ist das breite dunkelbraune Band charakteristisch, das vor der Dorsale entspringt und fast geradlinig zur Schwanzwurzel verläuft. Jedoch wird hier dieses Band ungefähr vom 12. bis 18. Lateralschild durch einen metallischen Glanz unterbrochen, der sich auch auf den unteren Lateralschildern fortsetzt. Seitwärts vor der Dorsale fallen bei gutgepflegten Tieren 1 bis 2 rechteckige, golden leuchtende Flecken auf.

Geschlechtsunterschiede lassen sich einmal an der Körperform erkennen, denn die Männchen sind kleiner und schlanker, und zum anderen zeigen sie während der Laichbereitschaft fast am ganzen Körper einen herrlichen Goldglanz.

C. zygatus benötigt nur die bereits erwähnte Pflege. Die Temperaturansprüche liegen zur Laichzeit aber etwas niedriger als die Hälterungstemperaturen. Gutgepflegte Tiere laichen bis zu 620 etwa 1,4 mm große Eier, die gleichermaßen willig an Pflanzen und Scheiben in Sätzen von 8 bis 18 Stück angeklebt werden. Bei einer Temperatur von 24 °C schlüpfen die Larven nach 3 Tagen.

Das Anfüttern und die Behandlung der Jungfische geschehen, wie bereits angeführt wurde.

In 3 Monaten haben die Tiere eine Größe von etwa 3,5 cm erreicht. Die typische Längsbinde entwickelt sich erst nach 3 Lebenswochen.

Corydoras zygatus

Brochis splendens (DE CASTELNAU, 1855)

D 1/10 bis 12, A 1/6 bis 7, P 1/8, V 1/5, ols 22 bis 23, uls 21, tl ♀ ca. 9 cm, ♂ ca. 7,5 cm

Die Tiere haben im Vergleich zu den *Corydoras*-Arten eine recht lange Dorsale, die in der Höhe aber nur die Hälfte des Körperdurchmessers erreicht und deren äußerer Rand gerade ist.

Brochis splendens ist hochrückig und seitlich stark zusammengedrückt. Die Bezeichnung »Smaragdpanzerwels« verdankt er der leuchtend smaragdgrünen Färbung des Körpers. Sie wird aber nur bei Tieren angetroffen, die sich wohl fühlen. Bei Unwohlsein oder schlechten Lichtverhältnissen wirkt der Körper schmutziggrau. Der obere Teil des Kopfes und die Schnauzenspitze erscheinen bräunlich mit schmutziggrauem Anflug. Die Wangen weisen die Färbung des Körpers auf, Bauchpartie und untere Hälfte der bauchseitigen Lateralschilder eine ockergelbe Farbe. Das Tier besitzt relativ große Brustflossen. Die Rücken-, Fett- und Schwanzflossen sind durchsichtig bräunlich, die übrigen Flossen gelblich.

Bei adulten Tieren sind die Geschlechter am Größenunterschied und, vor allem in der Draufsicht, am stärkeren Leibesumfang des Weibchens zu erkennen.

B. splendens stellt an die Pflege keine besonderen Ansprüche. Ausgewachsene Tiere sind sehr hart, lediglich gegenüber bakteriellen Wassertrübungen scheinen sie empfindlich zu sein. Sauberes, klares und sauerstoffreiches Wasser mit Temperaturen von 23 bis 25 °C trägt sehr zum Wohlbefinden bei. Die Art frißt alles, bevorzugt aber Lebendfutter. Nach unseren Erfahrungen hält *B. splendens* 2 Laichzeiten ein, die im September/Oktober und im Januar/Februar liegen. Abgelaicht wurde überwiegend an kleinen Schwimmpflanzen, z.B. *Riccia fluitans*. Die in der Bauchflossentasche befindlichen 8 bis 12 Eier werden nicht auf einmal, sondern einzeln überall, wo es nur möglich ist, abgelegt. Dabei »schießen« die Tiere in und durch die Pflanzen und »verteilen« die Laichkörner. Geringe Mengen kann man auch an den Scheiben und auf dem Boden finden. Bei einem Laichgang kommt es zur Ablage von 800 und mehr Eiern, deren Durchmesser etwa 1,5 mm beträgt. Nach 4 Tagen schlüpfen bei einer Temperatur von 24 °C die Jungtiere.

Das Wachstum bis zum 18. Tag entsprach dem der gleich großen *Corydoras*-Arten. Danach wuchsen die Jungfische relativ schnell weiter und erreichten in 2 Monaten eine Größe von 4 cm. Dann setzte sich die Größenzunahme nur zögernd fort. Im Verlauf von 6 Lebensmonaten maßen die Tiere zwischen 4,8 und 5,3 cm Totallänge.

Bis zu einer Länge von 3,5 cm haben die Jungtiere mit den Elterntieren in der Färbung und Zeichnung des Körpers nichts gemeinsam, denn erst bei dieser Größe setzt sich die smaragdgrüne Färbung durch, nachdem sie vorher 3 Umfarbungsstadien durchlaufen haben. Zuerst sieht der Körper relativ hell aus, und es befinden sich einige größere dunkle Flecken auf den dorsalseitigen Schildern. Unmittelbar hinter dem Kopf ist eine dunkle Zone sichtbar. Eine schwarze Binde verläuft von der Schnauzenspitze durch das Auge bis zum Ende des Kopfes. Die Dorsale ist insgesamt leicht rauchig gefärbt, gezackt und mit einem weißen Rand versehen. Die Schwanzflosse weist 2 senkrecht verlaufende dunkle

Bänder auf. Bei einer Länge von 2,1 cm ist die Körperzeichnung umfangreicher und kräftiger geworden. Die obere Hälfte der Rückenflosse hat jetzt eine dunkle, fast schwarze Farbe. Eine weitere Umfärbung tritt bei einer Länge von 3,2 cm ein. Dann ist der Körper in Augenhöhe bis etwa zum 3. Weichstrahl der Rückenflosse mit einem wabenartigen, später mit einem senkrecht verlaufenden wellenartigen Linienmuster überzogen. Im hinteren Teil des Körpers verblaßt dieses Muster. Die vordere ungezeichnete Kopfpartie erscheint dunkel, während die Rücken- und die Brustflossen hellbraun gefärbt sind. Ebenfalls hellbraun, aber mit einem rötlichen Schimmer präsentieren sich die After- und die Bauchflossen, während die Schwanzflosse farblos und mit ganz kleinen dunklen Punkten sowie mehreren senkrechten Reihen kleiner heller Punkte übersät ist.

Nach dem Erreichen einer Länge von 3,6 cm hat die Rückenflosse noch Zacken und wenig Zeichnung. Alle anderen Flossen sind nicht gezeichnet. Die After- und die Bauchflossen weisen noch einen rötlichen Schimmer auf. Jetzt ist der Körper smaragdgrün und besitzt nur im oberen vorderen Teil eine schwache Restzeichnung. Über mehrere Zuchtperioden hinweg konnten wir feststellen, daß die einzelnen Umfärbungsphasen nicht vom Alter der Tiere, sondern von der jeweils erreichten Größe abhängen.

Hoplosternum thoracatum (Cuvier und Valenciennes, 1840)

D 1/8, A 1/6 bis 8, ols 25 bis 26, uls 23 bis 24, tl bis 18 cm

An der abgerundeten Dorsale ist der Stachel deutlich kleiner als die meisten Weichstrahlen. Die obere Profillinie des walzenförmigplumpen Körpers ist nur wenig gewölbt, die untere Profillinie flach. Der breite Kopf wird von oben nach unten zusammengedrückt. Die Art hat eine etwas zugespitzte Schnauze und eine schwach eingebuchtete Schwanzflosse.

Dem großen Verbreitungsgebiet entsprechend, variiert die Färbung. Sie ist im allgemeinen düster, bräunlich, olivbraun bis graubraun, oberseits dunkler, an den Körperseiten heller werdend, auf der Bauchseite grauviolett bis weißlich. Der gesamte Körper, also auch die Unterseite, weist verstreut stehende schwarzbraune Flekken und Tupfen auf. Die Dorsale und Caudale sind dunkel getupft, wobei letztere meist an ihrer Basis einen hellen Querstreifen trägt. Geschlechtsunterschiede kann man in der Färbung nicht feststellen. Sie sind aber am sichtbar längeren und rötlichgefärbten Pectoralstachel und an den zusammengewachsenen bauchseitigen Teilen der Knochenplatten der Männchen erkennbar. Außerdem ist beim geschlechtsreifen Männchen die Papille deutlich zu erkennen.

An die Pflege stellen die Tiere keine besonderen Ansprüche. Sie sind Allesfresser, bevorzugen aber Lebendfutter. Bei Temperaturen von 20 bis 25 °C fühlen sie sich wohl. Bestimmte Laichzeiten werden nicht eingehalten, so daß sie bei entsprechender Pflege und Hälterung über das ganze Jahr hinweg zur Fortpflanzung zu bewegen sind. Pro Laichgang werden 800 und mehr gelblich aussehende und etwa 2 mm große Eier in dem Schaumnest abgelegt, wobei das Männchen die Brutpflege betreibt. Um die Eier vollzählig zum Schlupf zu bringen, ist es ratsam, sie in ein gesondertes Aufzuchtbecken zu überführen. Der Schlupf erfolgt bei einer Temperatur von 24 °C am 5. Tag. Die Aufzucht bereitet keine Schwierigkeiten. Die Tiere gehören zu den schnell wachsenden Arten.

Dianema longibarbis, COPE 1872

D 1/7 bis 8, A 1/6, ols meist 25, uls 24, tl bis 10 cm

Bei der spitzen Dorsale sind die ersten 3 Weichstrahlen deutlich länger als der Dorsalstachel. Der Körper ist gestreckt, die Rückenlinie nur etwas stärker gewölbt als die Bauchlinie und insgesamt gelblichbraun bis beige, oberseits dunkler. Bei Laichwilligkeit schimmert der Körper auch manchmal braunrötlich. An den Körperseiten wird diese Färbung heller und geht mehr in Rosa über. Die Oberseite des Kopfes und die obere Hälfte des Körpers tragen zahlreiche unregelmäßig verteilte kleine dunkelblaue, schwärzlichbraune bis schwärzliche Tupfen. In der unteren Körperhälfte sind diese Tupfen nicht so deutlich ausgeprägt. Die Kopfseiten weisen ein schwaches blaues strichförmiges Band auf, das im Mundwinkel beginnt und am vorderen Augenrand endet. Die relativ langen Ober- und Unterkieferbarteln sind dunkel gefärbt, die Flossen durchscheinend farblos mit einer gegabelten Schwanzflosse.

Geschlechtsunterschiede lassen sich in der Färbung des Körpers nicht feststellen. Sie sind nur an den etwas dickeren Pectoralstacheln der Männchen und am stärkeren Leibesumfang der Weibchen zu erkennen. Zur Laichzeit können wir die Geschlechter leichter unterscheiden, weil dann die Brustflossenstacheln der Männchen meist rötlich schimmern und sich an der Basis der Weichstrahlen der Brustflossen weiße bis rosafarbene Verdickungen zeigen. Außerdem ist die Berührungslinie der zusammengewachsenen bauchseitigen Teile des Schultergürtels bei den Männchen enger. Bei den Weibchen hingegen bleibt ein kleiner schmaler Teil hinter dem After von den bauchseitigen Knochenschildern unbedeckt.

Die Pflege und Hälterung dieser Art, die im Gegensatz zu *H. thoracatum* oft die mittleren Wasserzonen aufsucht, bereiten keine nennenswerten Schwierigkeiten. Im Schwarm von mindestens 5 Tieren fühlen sie sich bei einer Temperatur von 24 bis 28 °C wohl. Die Tiere sind Allesfresser, bevorzugen aber frei schwimmendes Futter. Sie benötigen zum Wohlbefinden auch Becken mit Pflanzen und Bodengrund.

D. longibarbis hält noch bestimmte Laichzeiten ein und laicht im Frühjahr sowie im Herbst. In die von ihm gebauten Schaumnester werden etwa 600 bis 800 mit einem Durchmesser von 1,2 mm relativ kleine Eier abgelegt. Das Männchen betreibt zwar Brutpflege, zur Sicherung des ganzen Geleges sollte es jedoch in ein gesondertes Aufzuchtbecken überführt werden. Günstig war bisher immer, wenn die Laichkörner von der Unterlage gelöst und im Aufzuchtbecken wieder angeklebt wurden. Je nach Temperatur und Wasserchemismus schlüpfen die Jungen nach 4 bis 6 Tagen. Kleines Futter und äußerste Sauberkeit sind besonders in den ersten 2 bis 3 Wochen zum Gedeihen der Jungtiere wichtig. Auffallend an ihnen ist, daß sie relativ große Augen besitzen. Die Grundfärbung entspricht den Elterntieren. In den ersten 2 Monaten sind jedoch die Punkte auf dem Körper kaum und nur spärlich zu sehen. An der Überlappungslinie der Knochenschilder hingegen vereinigen sie sich zu einem Streifen, der an der Schwanzflossenwurzel endet. Die Schwanzflosse selbst ist bis zu einer Größe von etwa 3,5 cm mit mehreren Reihen quer verlaufender schwarzer Streifen versehen. Bei zunehmendem Alter und weiterem Wachstum verschwindet die Musterung, und die Tiere werden ihren Eltern immer ähnlicher.

Dianema urostriata. Sich in der Natur wiederholende Zeichnung von *Corydoras rubineae* bei einer anderen Gattung

Sie gehören zu den schnell wachsenden Arten. Eine Besonderheit dieser Art ist, daß die Jungen ab etwa 3 cm Größe über längere Zeit in Gruppen oder Schwärmen im freien Wasser sowie unter Pflanzen zusammenstehen. Der Anblick dieser »Fischtraube« läßt das »Züchterherz« höher schlagen.

Dianema urostriata RIBEIRO, 1912

D 1/7, A 1/5, tl bis 10 cm

Die Dorsale ist spitz, die ersten 3 Weichstrahlen sind deutlich länger als der Dorsalstachel. Bei dem torpedoförmigen Körper ist die Rückenlinie nur etwas stärker gewölbt als die Bauchlinie. Der flache Kopf wirkt von oben nach unten zusammengedrückt. Von den relativ langen Barteln ist ein Paar dunkel gefärbt. Der hellbraune

Körper wirkt an der unteren Hälfte heller. Über den ganzen Körper sind zahlreiche unregelmäßig verteilte kleine dunkle Tupfen verstreut, deren Anzahl zur Bauchseite geringer wird. Die Schnauzenspitze und der Oberkopf sind mit einem grauen Anflug versehen. An den Mundwinkeln beginnt ein schmales dunkles Band, das sich bis zu den Augen hinzieht und etwa einen Zentimeter darüber hinaus sichtbar ist. In der Mittellinie des Körpers befinden sich zahlreiche auffallende größere schwarze Flecken. Die gegabelte Schwanzflosse ist in der Regel mit 7 schwarzen und 6 weißen Längsstreifen versehen, wobei sich die Zeichnung der 3 inneren Streifen etwa 1 cm über die Schwanzflossenbasis hinweg im Körper fortsetzt. Die Spitze der Fettflosse zeigt einen dunklen Anflug, alle anderen Flossen sind beige und ohne Zeichnung.

Geschlechtsunterschiede können in der Färbung des Körpers nicht festgestellt werden. Man kann sie lediglich an den etwas dickeren und längeren Pectoralstacheln der Männchen und am etwas stärkeren Leibesumfang der Weibchen erkennen. Bei Laichbereitschaft lassen sich die Geschlechter leichter unterscheiden, weil dann die Brustflossenstrahlen der Männchen meist rötlich schimmern und sich an der Basis der Weichstrahlen der Brustflossen rosafarbene bis rötliche Verdickungen zeigen. Außerdem bleibt bei den Weibchen ein schmaler Streifen der Bauchseite von den unteren Knochenplatten unbedeckt. Dieser freie Teil zieht sich bis zur Afterflosse hin.

Die Pflege und Hälterung dieser Art bereiten keine großen Schwierigkeiten. Die Tiere, die sich bei einer Temperatur von 24 bis 28 °C wohl fühlen, sollten ebenfalls im Schwarm gehalten werden. Sie sind Allesfresser. Im Frühjahr und im Herbst dürfte ihre Laichzeit liegen. Bei uns laichten sie im Frühjahr. An einem im Becken schwimmenden Plastdeckel bauten sie ein Schaumnest, worin ungefähr 600 Eier mit einer Größe von etwa 1,2 mm abgelegt wurden. Nach 4 Tagen schlüpften bei einer Temperatur von 25 °C die Jungfische. Die Aufzucht in den ersten 2 Wochen bereitete trotz guter Fütterung und besonderer Sauberkeit erhebliche Schwierigkeiten. Die Färbung der Jungfische entspricht den Elterntieren, es bildet sich relativ zeitig die Zeichnung der Schwanzflosse heraus, so daß die Tiere schon bei einer Länge von 3 cm den Eltern gleichen. Sie sind sehr vital und schwimmen viel in den mittleren Wasserzonen umher, wobei die auffallend gezeichneten Fische im Schwarm ein herrliches Bild ergeben.

Anhang

Arten und Unterarten der Gattung *Corydoras* LACÉPÈDE, 1803 (nach Nijssen und Isbrücker 1986)

Nijssen und Isbrücker teilen die 115 *Corydoras*-Arten und Unterarten in 5 Gruppen ein. Sie geben aber keinerlei Hinweise über Merkmale, die sie zur Gruppeneinteilung benutzten. Deshalb erschien es uns ratsam, eine Aufzählung nach dem Alphabet vorzunehmen. Alle zur Zeit gültigen Namen von *Corydoras*-Arten sind mit einer laufenden Nummer versehen. Die Synonyme wurden mit einem S gekennzeichnet, wobei die gültige Artbezeichnung nach dem Gleichheitszeichen angegeben wird. Es können durchaus noch mehr nicht sicher bestimmte oder mit falschem Namen versehene *Corydoras*-Arten existieren.

Name der Art und Unterart	Herkunft nach der Original- beschreibung
1 *acrensis* NIJSSEN, 1972	Brasilien
2 *acutus* COPE, 1872	Peru
3 *adolfoi* BURGESS, 1982	Brasilien
4 *aeneus* (GILL, 1858)	Trinidad
5 *agassizii* STEINDACHNER, 1877	Brasilien
6 *amapaensis* NIJSSEN, 1972	Brasilien
7 *ambiacus* COPE, 1872	Peru
8 *amphibelus* COPE, 1872	Peru
9 *approuaguensis* NIJSSEN & ISBRÜCKER, 1983	Franz.-Guayana
10 *arcuatus* ELWIN, 1939	Brasilien
11 *armatus* (GUENTHER, 1868)	Peru
12 *atropersonatus* WEITZMAN & NIJSSEN, 1970	Ekuador
13 *aurofrenatus* EIGENMANN & KENNEDY, 1903	Paraguay
S *australe* EIGENMANN & KENNEDY, 1907 (= *hastatus*)	
14 *axelrodi* RÖSSEL, 1962	Kolumbien
15 *baderi* R. GEISLER, 1969	Brasilien
16 *barbatus* (QUOY & GAIMARD, 1824)	Brasilien
S *bertoni* EIGENMANN, 1942 (= *macropterus*)	
17 *bicolor* NIJSSEN & ISBRÜCKER, 1967	Surinam

Seiten 96 und 97: *Corydoras julii*

Corydoras lamberti

Corydoras delphax

Corydoras schwartzi

Seiten 100 und 101:

Corydoras sterbai – einer der schönsten Panzerwelse

Corydoras cochui – eine der kleinsten *Corydoras*-Arten

Corydoras barbatus – eine der längsten *Corydoras*-Arten

Corydoras leopardus

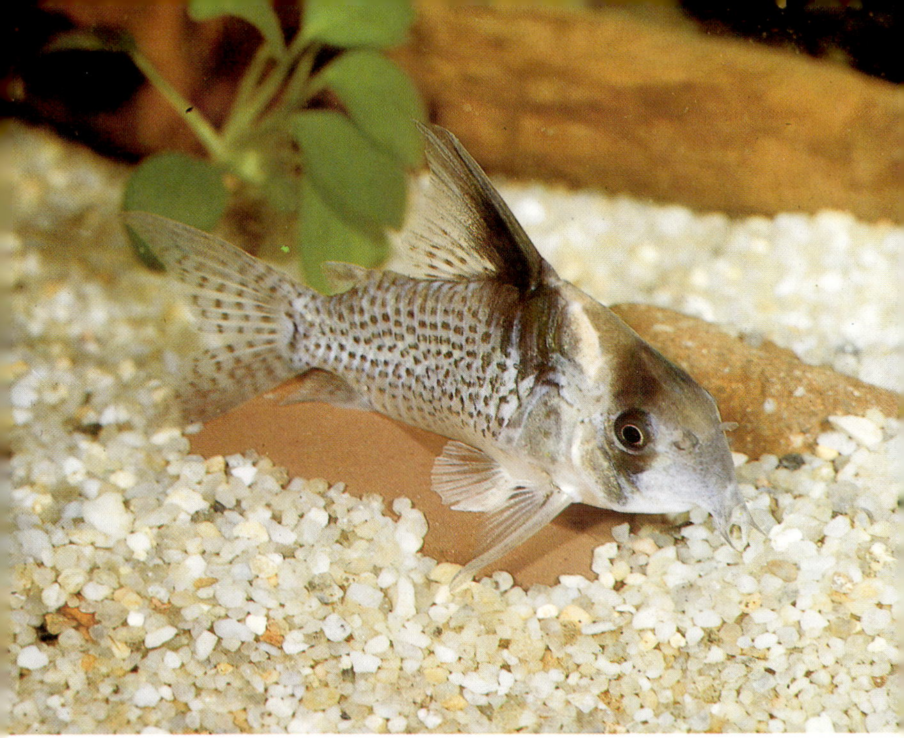

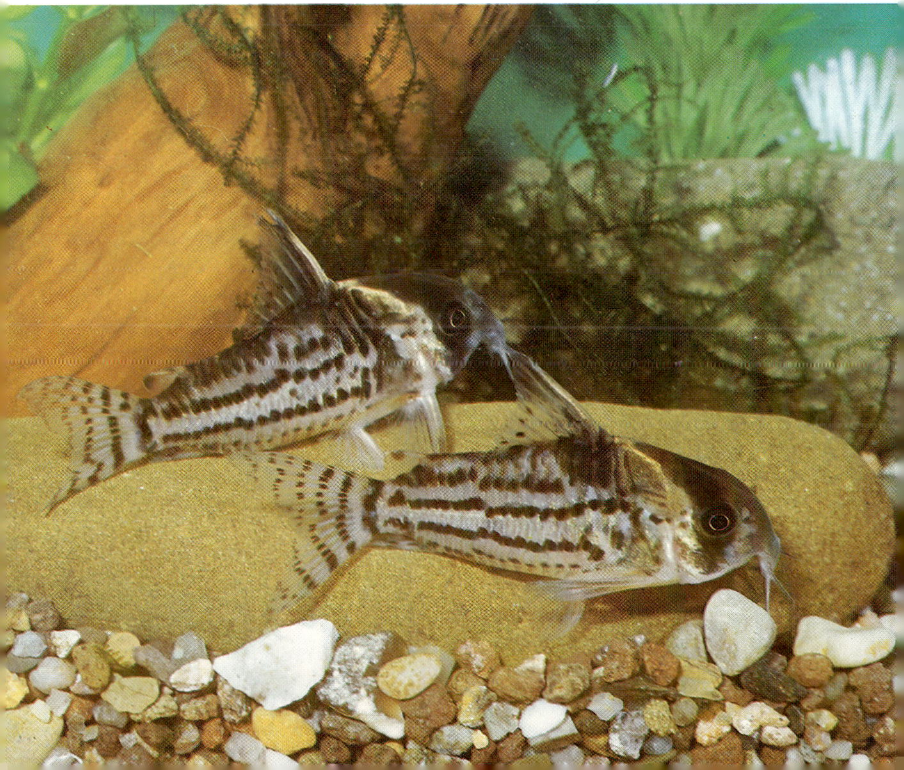

Name der Art und Unterart	Herkunft nach der Original- beschreibung
18 *bifasciatus* NIJSSEN, 1972	Brasilien
19 *blochi blochi* NIJSSEN, 1971	Guyana
20 *blochi vittatus* NIJSSEN, 1971	Brasilien
21 *boehlkei* NIJSSEN & ISBRÜCKER, 1982	Venezuela
22 *boesemani* NIJSSEN & ISBRÜCKER, 1967	Surinam
23 *bolivianus* NIJSSEN & ISBRÜCKER, 1983	Bolivien
24 *bondi bondi* GOSLINE, 1940	Venezuela
25 *bondi coppenamensis* NIJSSEN, 1970	Surinam
S *caquetae* FOWLER, 1943 (= *leucomelas*)	
26 *carlae* NIJSSEN & ISBRÜCKER, 1983	Argentinien
27 *caudimaculatus* RÖSSEL, 1961	Brasilien
28 *cervinus* RÖSSEL, 1962	Brasilien
29 *cochui* MYERS & WEITZMAN, 1954	Brasilien
30 *concolor* WEITZMAN, 1961	Venezuela
31 *condiscipulus* NIJSSEN & ISBRÜCKER, 1980	Franz.-Guayana
32 *copei* NIJSSEN & ISBRÜCKER, 1986	Peru
33 *delphax* NIJSSEN & ISBRÜCKER, 1983	Kolumbien
S *dubius* NIJSSEN & ISBRÜCKER, 1967 (= *trilineatus*)	
34 *ehrhardti* STEINDACHNER, 1910	Brasilien
S *eigenmanni* VON IHERING, 1907 (= *barbatus*)	
35 *elegans* STEINDACHNER, 1877	Brasilien
36 *ellisae* GOSLINE, 1940	Paraguay
37 *ephippifer* NIJSSEN, 1972	Brasilien
S *episcopi* EIGENMANN & ALLEN, 1942 = *trilineatus*	
38 *eques* STEINDACHNER, 1877	Brasilien
39 *evelynae* RÖSSEL, 1963	Brasilien
40 *filamentosus* NIJSSEN & ISBRÜCKER, 1983	Surinam
41 *flaveolus* VON IHERING, 1911	Brasilien
42 *fowleri* BÖHLKE, 1950	Peru
S *funelli* FRASER-BRUNNER, 1947 (= *leopardus*)	
43 *garbei* VON IHERING, 1911	Brasilien
S *geoffroy* LACEPEDE, 1803 (= *punctatus*)	
44 *geryi* NIJSSEN & ISBRÜCKER, 1983	Bolivien
45 *gossei* NIJSSEN, 1972	Brasilien
S *grafi* HOLLY, 1940 = *ambiacus*	
46 *gracilis* NIJSSEN & ISBRÜCKER, 1976	Brasilien
47 *griseus* HOLLY, 1940	Guayana
S *griseus deweyeri* MEINKEN, 1957 (= *griseus*)	
48 *guapore* KNAACK, 1961	Brasilien
49 *guianensis* NIJSSEN, 1970	Surinam
50 *habrosus* WEITZMAN, 1960	Venezuela
51 *hastatus* EIGENMANN & EIGENMANN, 1888	Brasilien

Name der Art und Unterart	Herkunft nach der Original- beschreibung
52 *haraldschultzi* KNAACK, 1962	Brasilien
53 *heteromorphus* NIJSSEN, 1970	Surinam
54 *imitator* NIJSSEN & ISBRÜCKER, 1983	Brasilien
55 *julii* STEINDACHNER, 1906	Brasilien
S *juquiaae* VON IHERING, 1907 (= *nattererie*)	
S *kronei* A.DE MIRANDA RIBEIRO, 1907 (= *barbatus*)	
56 *latus* PEARSON, 1942	Bolivien
57 *lamberti* NIJSSEN & ISBRÜCKER, 1986	Peru
58 *leopardus* MYERS, 1933	Brasilien
59 *leucomelas* EIGENMANN & ALLEN, 1942	Peru
60 *loretoensis* NIJSSEN & ISBRÜCKER, 1986	Peru
61 *loxozonus* NIJSSEN & ISBRÜCKER, 1983	Kolumbien
S *maculatus* STEINDACHNER, 1879 (= *paleatus*)	
62 *maculifer* NIJSSEN & ISBRÜCKER, 1971	Brasilien
63 *macropterus* REGAN, 1913	Brasilien
S *macrosteus* REGAN, 1912 = *(aeneus)*	
S *marmaratus* STEINDACHNER, 1879 (= *paleatus*)	
64 *melanistius brevirostris* FRASER-BRUNNER, 1977	Venezuela
S *melanistius longirostris* HOEDEMANN, 1952 (= *ambia-cus*)	
65 *melanistius melanistius* REGAN, 1912	Guyana
66 *melanotaenia* REGAN, 1912	Kolumbien
67 *melini* LOENNBERG & RENDAHL, 1930	Brasilien
S *meridionalis* VON IHERING, 1911 (= *ehrhardti*)	
68 *metae* EIGENMANN, 1914	Kolumbien
69 *micracanthus* REGAN, 1912	Argentinien
S *microcephalus* REGAN, 1912 (= *paleatus*)	
S *microps* EIGENMANN & KENNEDY, 1903 (= *aeneus*)	
70 *multimaculatus* STEINDACHNER, 1907	Brasilien
S *myersi* P.DE MIRANDA RIBEIRO. 1942 (= *rabauti*)	
71 *nanus* NIJSSEN & ISBRÜCKER, 1967	Surinam
72 *napoensis* NIJSSEN & ISBRÜCKER, 1986	Ekuador
73 *narcissus* NIJSSEN & ISBRÜCKER, 1980	Brasilien
74 *nattereri* STEINDACHNER, 1877	Brasilien
75 *octocirrus* NIJSSEN, 1970	Surinam
S *oelemariensis* NIJSSEN, 1970 (= *baderi*)	
76 *oiapoquensis* NIJSSEN, 1972	Franz.-Guayana
77 *ornatus* NIJSSEN & ISBRÜCKER, 1976	Brasilien
78 *orphnopterus* WEITZMANN & NIJSSEN, 1970	Ekuador
79 *osteocarus* BOEHLKE, 1951	Venezuela
80 *ourastigma* NIJSSEN, 1972	Brasilien
81 *oxyrhynchus* NIJSSEN & ISBRÜCKER, 1967	Surinam

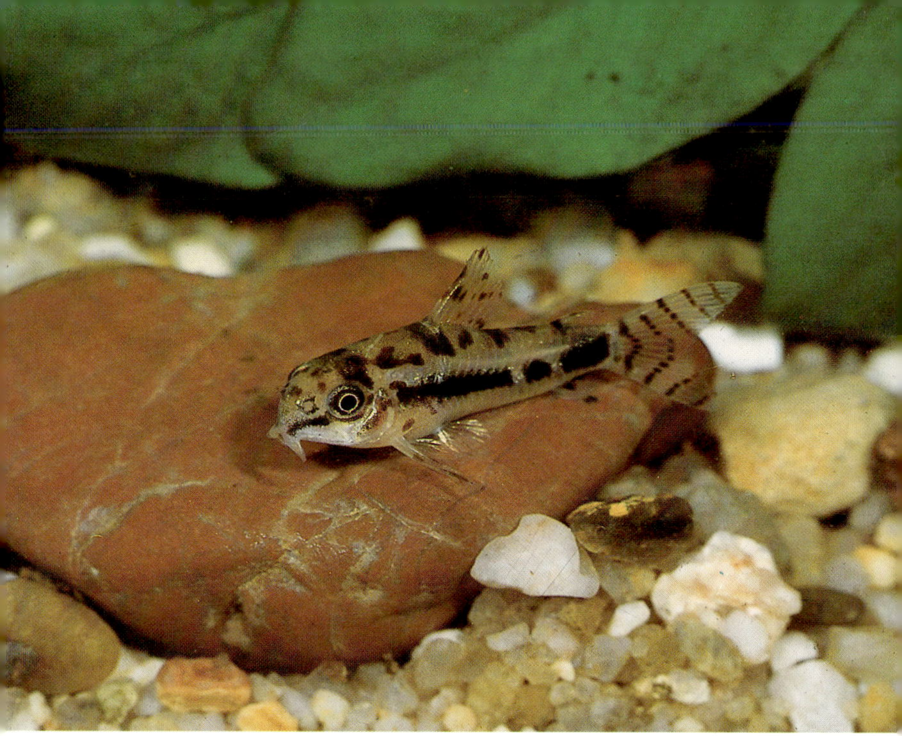

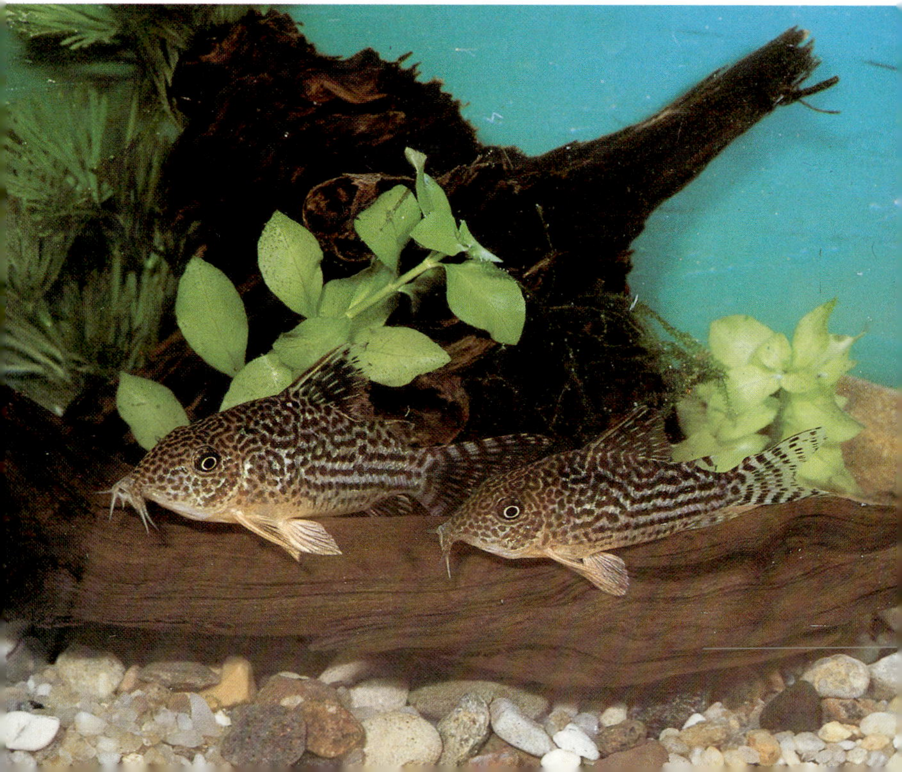

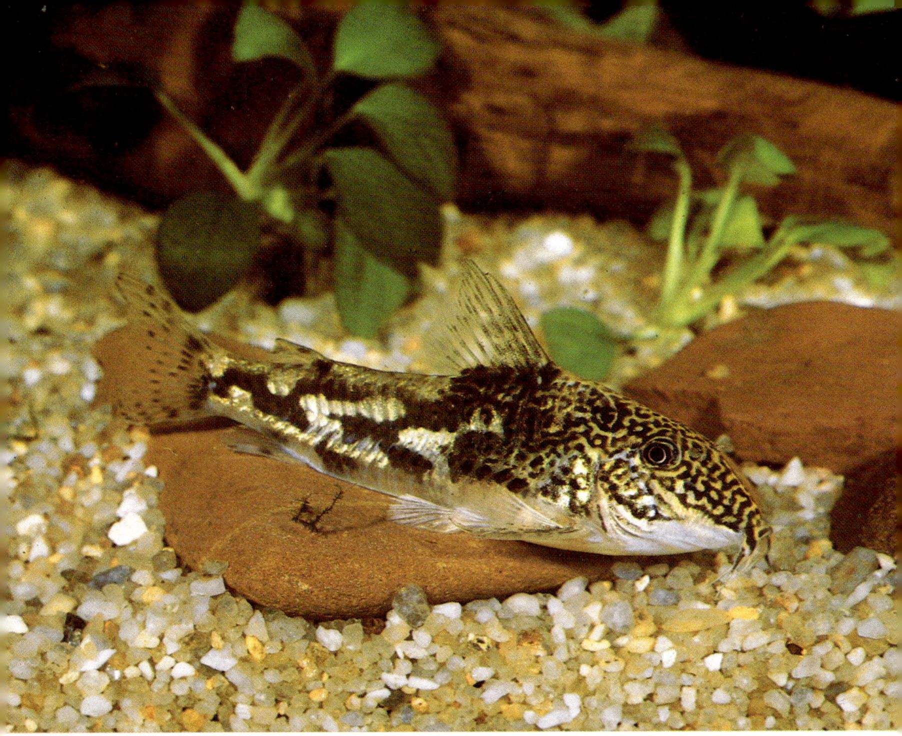

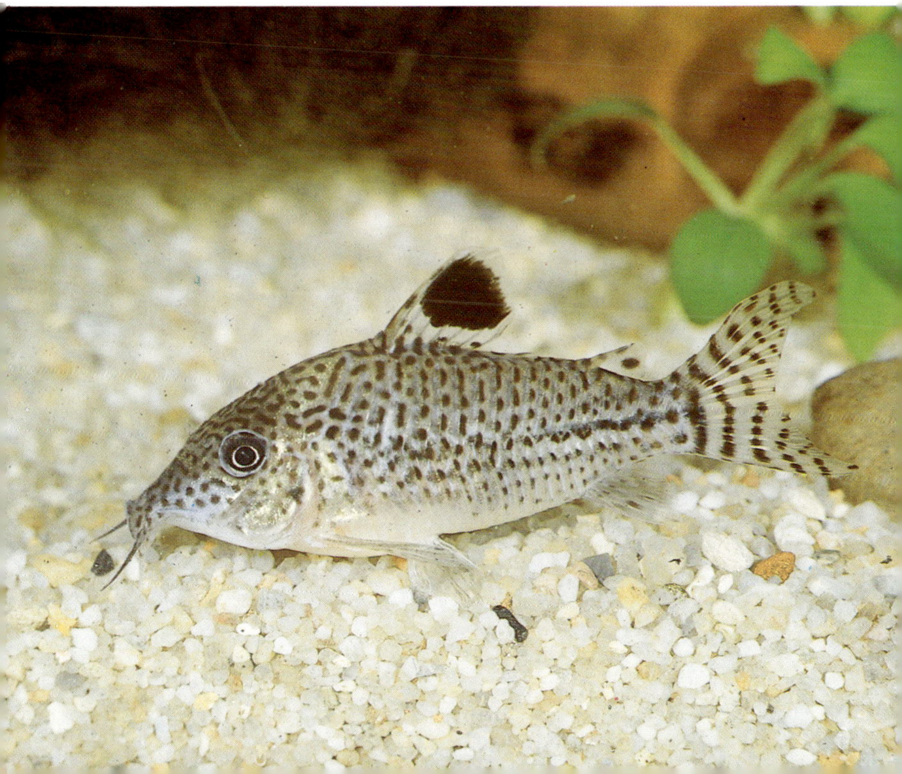

Name der Art und Unterart	Herkunft nach der Original- beschreibung
82 *paleatus* (JENYNS, 1842)	Argentinien
83 *panda* NIJSSEN & ISBRÜCKER, 1971	Peru
84 *pastazensis orcesi* WEITZMANN & NIJSSEN, 1970	Ekuador
85 *pastazensis pastazensis* WEITZMANN, 1963	Ekuador
S *pestai* HOLLY, 1940 (= *elegans*)	
86 *polystictus* REGAN, 1912	Brasilien
87 *pataroensis* MYERS, 1927	Guayana
88 *prionotos* NIJSSEN & ISBRÜCKER, 1980	Brasilien
89 *pulcher* ISBRÜCKER & NIJSSEN, 1973	Brasilien
90 *punctatus* (BLOCH, 1794)	Surinam
91 *pygmaeus* KNAACK, 1966	Brasilien
92 *rabauti* LA MONTE, 1941	Brasilien
93 *reticulatus* FRASER-BRUNNER, 1938	Brasilien
94 *reynoldsi* MYERD & WEITZMAN, 1960	Kolumbien
95 *robineae* BURGESS, 1983	Brasilien
96 *robustus* NIJSSEN & ISBRÜCKER, 1980	Brasilien
97 *sanchesi* NIJSSEN & ISBRÜCKER, 1967	Surinam
98 *saramaccensis* NIJSSEN, 1970	Surinam
S *schultzei* HOLLY, 1940 (= *aeneus*)	
99 *schwartzi* ROESSEL, 1963	Brasilien
100 *semiaquilus* WEITZMAN, 1964	Brasilien
101 *septentrionalis* GOSLINE, 1940	Venezuela
102 *simulatus* WEITZMAN & NIJSSEN, 1970	Kolumbien
103 *sodalis* NIJSSEN & ISBRÜCKER, 1986	Brasilien
104 *solox* NIJSSEN & ISBRÜCKER	Brasilien
105 *spilurus* NORMANN, 1926	Franz.-Guayana
S *stenocephalus* EIGENMANN & ALLEN, 1942 (= *acutus*)	
106 *steindachneri* ISBRÜCKER & NIJSSEN, 1973	Brasilien
107 *sterbai* KNAACK, 1962	Brasilien
108 *sychri* WEITZMAN, 1961	Peru
109 *surinamensis* NIJSSEN, 1970	Surinam
110 *treitlii* STEINDACHNER, 1906	Brasilien
111 *trilineatus* COPE, 1872	Peru
112 *undulatus* REGAN, 1912	Argentinien
S *venezuelanus* VON IHERING, 1911 (= *aeneus*)	
S *virescens* A. DE MIRANDA RIBEIRO, 1912 (= *polystic-tus*)	
113 *weitzmani* NIJSSEN, 1971	Peru
S *wotroi* NIJSSEN & ISBRÜCKER, 1967 (= *melanistius brevirostris*)	
114 *xinguensis* NIJSSEN, 1972	Brasilien
115 *zygatus* EIGENMANN & ALLEN, 1942	Peru

Literatur

Amlacher, E.: Taschenbuch der Fischkrankheiten. 4. Auflage, Jena 1981

Braun, R.: Limnologische Untersuchungen an einigen Seen im Amazonasgebiet. Schweizer. Zeitschr. f. Hydrologie, 1952

Neef, E.: Das Gesicht der Erde. 5. Auflage, Leipzig 1978

Nijssen, H.: Revision of the Surinam Catfishes of the genus *Corydoras* Lacépède, 1803 (Pisces, Siluriformes, Callichthyidae). Beaufortia 18 (230), 1–75, 1970

Nijssen, H.: Records of the Catfish genus *Corydoras* from Brazil and French Guiana with descriptions of eight new species (Pisces Siluriformes, Callichthyidae). Netherlands Journal of Zoology 21 (4), 412–433, 1972

Nijssen, H., und *I. J. H. Isbrücker:* Chronological enumeration of nominal species and subspecies of *Corydoras* (Pisces, Siluriformes, Callichthyidae). Bull. zool. Mus. Univ. Amsterdam, 6 (17), 129–135, 1979

Nijssen, H., und *I. J. Isbrücker:* A Review of the genus *Corydoras* Lacépède, 1803 (Pisces, Siluriformes, Callichthyidae). Insti. Taxo. Zool. Univ. Amsterdam, 50 (1), 190–220, 1980

Nijssen, H., und *I. J. Isbrücker:* Sept espèces nouvelles de Poissons-Chats cuirassés du genre *Corydoras* Lacépède, 1803, de Guyane francaise, de Bolivie, d'Argentine, du Surinam et du Brésil (Pisces, Siuriformes, Callichthyidae). Revue francaise d'Aquariologie, 3, 30, décembre 1983

Nijssen, H., und *I. J. Isbrücker:* Cinq espèces nouvelles de Poissons-Chats cuirassés du genre *Corydoras* Lacépède, 1803, du Pérou et de l'Équateur (Pisces, Siluriformes, Callichthyidae). Revue francaise d'Aquariologie, 3,1er février 1986

Sioli, H.: Die Bedeutung der Limnologie für die Erforschung wenig bekannter Großräume zu praktischen Zwecken an Hand der Erfahrungen im Amazonasgebiet. Forschungen und Fortschritte, 1950, Heft 21, 22, 1954, Heft 3, 1955, Heft 3

Sterba, G.: Lexikon der Aquaristik und Ichthyologie. Leipzig 1978

Sterba, G.: Süßwasserfische aus aller Welt. Band 1 und 2. 3. Auflage, Leipzig · Jena · Berlin 1977

Zeitschriften:
Aquarien Terrarien, Leipzig · Jena · Berlin
Die Aquarien- und Terrarien-Zeitschrift Stuttgart
Het Aquarium
TI International, Melle